Lea Ritter-Santini

Ganymed

Ein Mythos des Aufstiegs
in der deutschen Moderne

Carl Hanser Verlag

Die Originalausgabe erschien unter dem Titel
*Il volo di Ganimede – Mito di ascesa
nella Germania moderna*
© 1998 by Marsilio, Venezia

Aus dem Italienischen von Birgit Schneider
Die Übersetzung wurde von der Autorin
revidiert und erweitert

Redaktion:
Michael Assmann
Deutsche Akademie für Sprache und Dichtung

1 2 3 4 5 6   06 05 04 03 02

ISBN 3-466-20076-2
Satz: Filmsatz Schröter GmbH, München
Druck und Bindung: Passavia Druckservice, Passau
Printed in Germany

Inhalt

Für Alessandro, Gerardo, Guglielmo
und ihre Generation

Europas Verführung

Europa war der Name des großen Ozeandampfers der Hapag, der am 24. März 1930 nach nur vier Tagen, siebzehn Stunden und sechs Minuten Überfahrt in den Hafen von New York einlief und mit dieser Rekordfahrt das »Blaue Band« errang, das zwanzig Jahre lang der *Mauretania*, dem Stolz der englischen Marine, vorbehalten war.

Die in Hamburg gebaute *Europa* stand für den Ehrgeiz der deutschen Industrie, für das Ideal technischer Leistung und für den Fortschritt eines Landes, das sein Schiff für das modernste und schnellste Verkehrsmittel hielt, um die Völker der Erde miteinander zu verbinden. Sie konnte auf einer Fahrt von Bremen nach New York 2200 Passagiere und 1000 Besatzungsmitglieder befördern. Schiff und Mannschaft verbanden Luxus mit Sicherheit ganz im Zeichen der Beherrschung der Meere. Sie sollte mit der Gunst der Götter fahren, so die Einladung, an Bord zu gehen. Der mit rauchenden Schornsteinen dargestellte Dampfer liegt in einem Hafen, an dessen Kai sich groß und dunkel der Kopf von Pallas Athene erhebt. Sie trägt, nach einem figurativen Muster, das zu einem der Leitbilder der nationalsozialistischen Kultur werden sollte, einen Helm mit großen Flügeln. Die bewaffnet dem Haupt des Zeus entstiegene Athene verband die Macht des Intellekts mit der der Künste und der Technik. Als Botin des alten Kontinents, dem Geist der Alten Welt entsprungen, bereit auszulaufen, um Weisheit und Erfahrung in die Neue Welt zu tragen, war die *Europa* Symbol einer Nation, die an die Überlegenheit der eigenen Werke und an die Mission der Zivilisation, zu deren Erfüllung sie sich berufen fühlte, glaubte. »Wie die *Columbus* und die *Bremen*, ein Triumph der deutschen Werften. Sie stellen die hervorragendsten und besten Fahrzeuge dar, die jemals die Meere befahren haben.« So wurde sie bei ihrer hundertsten Überfahrt im August 1936 von Politikern und Reedern, die sich in dem Wunder ihrer Transatlantiklinien wiedererkannten, umjubelt: »In ihnen spiegelt sich in hoher und bewundernswürdiger Art die Kultur einer großen Nation wider, die erfreulicherweise von neuem ihren Platz an der Sonne, gleichberechtigt mit den Größten, eingenommen hat. Sie verkörpern die Gewähr und die Voraussage kommender, noch größerer Errungenschaften, die die Zukunft für das so gebildete und fähige deutsche Volk vorbehalten hat.«

Es war das Jahr der Olympiade, und im New Yorker Hafen bestiegen nach wie vor viele Passagiere die *Europa*, diesmal um die Siege der jungen Athleten der Neuen und der Alten Welt im Berliner Olympiastadion mitzuerleben. Doch bereits im darauffolgenden Jahr wurden es weniger, und es sollten immer weniger werden, denn nur noch wenige drängte es, das »große« Deutschland kennenzulernen. Jetzt nahmen die Schiffskabinen diejenigen auf, die das Reich verlassen mußten, um einer Zukunft zu entkommen, die nur Furcht und Elend bereiten würde. Es waren vor allem Juden, die nach Verfolgung und Flucht hier von einem demütigenden Luxus empfangen wurden. Die vom Architekten Paul Ludwig Troost, »Ordner der menschlichen Verhältnisse und Dinge« – Lehrmeister von Albert Speer – in bürgerlicher Pracht ausgestatteten Salons, waren ein sicherer und zugleich surrealer Zufluchtsort, bevor die Passagiere im New Yorker Hafen von der Freiheitsstatue mit ihrer Fackel begrüßt wurden. Im August 1939 konnten die letzten Passagiere den Atlantik überqueren. Das Schiff mußte seinen Liniendienst einstellen, weil der Atlantische Ozean zum Kriegsgebiet geworden war. Der Plan, die *Europa* als Kriegsschiff umzurüsten, wurde nie verwirklicht, und so blieb sie, unter großen Tarnnetzen verborgen, in Bremerhaven liegen. Der »Staat aus Stahl und Eisen«, der Mythos der deutschen Technik, überstand die Zerstörungen des von Pallas Athene verlassenen Landes. Von amerikanischen Truppen aufgefunden, kehrte das Symbol des besiegten Deutschlands unter den Stars and Stripes am 26. September 1945 mit 4000 siegreichen Soldaten an Bord nach New York zurück. Im Zuge der Reparationsleistungen wechselte die *Europa* erneut Flagge und Namen: Die französische Marine taufte sie in *Liberté* um und löschte im aktuellen nationalen Mythos die Erinnerung an den alten deutschen Hochmut aus.

Wohl kein anderes Symbol übermittelt so stark den fatalen, in Realität umgesetzten Führungsehrgeiz – der nicht von der zornigen Athene, sondern von der Logik der Geschichte zerstört wurde –, wie dieser stolze Ozeanliner unter deutscher Besatzung namens *Europa*, der das beste und modernste Verkehrsmittel sein sollte, um zwei Kulturen miteinander zu verbinden. Heute existiert nicht einmal mehr ein Modell des Schiffes. Als Zeichen der Versöhnung übergab die amerikanische Marine 1955 dem Norddeutschen Lloyd lediglich die große Bronzeglocke des Dampfers. Nachdem die alte deutsche *Europa* oder die französische *Liberté* schließlich in der Abwrackwerft von La Spezia gelandet war, hat sie vielleicht noch in Einzelteilen oder Bruchstücken Wiederverwertung für irgendwelche anderen Gegenstände in der Welt gefunden. Sie ist als Legende industrieller Tüchtigkeit in die Geschichte eingegangen: nicht in das imaginative Gedächtnis der Deutschen. Sie hat eine andere Überfahrt vollendet als die des stets im Hafen der Träume von Federico Fellini erwarteten märchenhaften Ozeandampfers *Rex*. Die *Europa* wird nicht mit Sehnsucht, sondern mit ambivalentem Stolz im tragischen *Amarcord* der dreißiger Jahre bewahrt. Verlorengegangen ist auch das Symbol ihres Namens, das Bild, das im Zeichen des antiken Mythos die Kühnheit und Stärke der modernen Schiffahrt feiern wollte: eine Bronzeskulptur aus dem Jahre 1930 des Bildhauers Joseph Wackerle, der auch den Wagenlenker am Marathontor des Berliner Olympiastadions geschaffen hatte. Die an Bord gehenden Passagiere, die sich der Perfektion der Technik anvertrauten und von ihrer sakralen Inszenierung ganz im Stil der Reichskanzlei empfangen wurden, sollten wissen, daß Europa im Schutz der klassischen Tradition stand. Die Räume waren von großen Palisandersäulen nach dorischem Vorbild unterteilt, und am Eingang erwartete sie die feierliche »Initiation« in eine im Glauben vereinte Gemeinschaft. Wie auf einem Altar erhob sich auf einem Porphyrsockel eine Mädchengestalt mit emporgestreckten Armen, im Begriff, auf den Rücken eines sprungbereiten Stieres zu steigen, der sie fort vom Ufer, weit übers Meer tragen wird. Die Königstochter Europa kennt die Kraft der mächtigen Gottheit, der sie ihre Jugend anvertraut. Zeus entführt sie auf den Wellen, doch alle sollten daran denken, daß der Kontinent, zu dem er sie bringt, ihren Namen tragen wird. Dasselbe Motiv schmückte auch Hunderte von Aschenbechern, die auf den kleinen Tischen der Salons verteilt waren, an denen sich die privilegierten Passagiere trafen. Sie hatten das gleiche Vorrecht, das die Figur und ihr Name suggerierten: Vertreter jener großen Kultur zu sein, die bereit war, noch nicht so lange zivilisierte Völker an die eigene Zivilisation zu binden.

Im Alphabet der Mythen erreichte das Bild Europas als erotische Metapher für die Willkür der Mächtigen und für die Opfer jedes Herrschaftsbeginns große ästhetische Wirkung. Obwohl sie in der Literatur keine tieferen Spuren hinterlassen hat, taucht sie peinlich häufig als bevorzugte Figur immer dann auf, wenn Kunst und Mythos ihre Symbole der Ideologie und Politik leihen müssen.

Bilder erreichen das Gemüt, nicht nur das des einfachen Mannes, auf unmittelbarere Weise als Worte; sie überschreiten Sprachgrenzen, verändern die Konturen der persönlichen Geschichte, suggerieren Legenden, nehmen den universalen Wert visueller Formeln an, sind aus dem Stoff der Träume: nichtvergessene Fragen in der christlichen Religion und ihrer Liturgie, und sie beherrschen, angewandt, die Strategien der Rhetorik und folglich die der Politik.

»Derweil sagt Aristoteles, es sei jeder, der eine Sache denkt, angehalten, auch das Bild der Sache zu denken, da unser Intellekt unfähig sei, seinen Dienst zu erfüllen, wenn man ihm nicht auch ihr Bild vorstellet«, erklärte Giovan Battista della Porta in seiner *Arte del ricordare* (XII). Diese Notwendigkeit, nicht nur die des Gedächtnisses, sondern auch die des Willens zur Überredung, die die Beziehungen zwischen den Menschen regiert, macht die Leitsymbole sichtbar, die der Abstraktion der Rede entzogen sind und häufig im Bewußtsein derjenigen vorkommen, die sie repräsentieren. So werden sie der historischen Zeit überantwortet, die ihre Bedeutung erkennt und sie als ästhetischen Ausdruck von Gefühlen, Ansprüchen, Ängsten einsetzt. Die Faszination des Mythos, das Sichwiderspiegeln im Gedächtnis der Antike, ist nicht nur an die griechische Dichtung oder an die lateinische Epik gebunden, von wenigen gelesen, sondern hauptsächlich an die Bilder, die wiederkehren, um zu verführen und die Fabeln der Götter und Göttinnen einem großen Publikum neu zu erzählen. Diese von der irdischen zur göttlichen, heroischen oder tragischen Dimension erhobenen Projektionen erhalten eine vermittelnde Funktion zwischen Bewußtem und Unbewußtem. Sie können sich in Symbole und Allegorien, wie die der Europa, verwandeln, Figuren und Legenden nachahmen und ihre Bedeutung erneuern. Siege und kühne Schlachten, Liebe und Zorn der Götter leihen der Gegenwart ihre mythische, anthropomorphe Realität, berühren und erfreuen, erziehen und belehren, überreden zur Ähnlichkeit, indem sie die Alltagsrealität übersteigen. Als Identifikationsangebot, das die Umrisse einer exemplarischen Erzählung heraufbeschwört, erscheinen die Figuren des Mythos in Zeiten des Umbruchs in künstlerischer Symbolform, wie sie Hegel nennt, auch als Chiffren geschichtlicher, sozialer und politischer Ereignisse. Nicht nur die Tugenden und Laster der Unsterblichen, auch ihre Ambivalenz und ihre Verletzlichkeit gegenüber den Herausforderungen der Sterblichen dienen dazu, die Ambitionen und die Schwächen derjenigen zu rechtfertigen, die es mit ihnen aufnehmen. Die Auslegung ihrer Macht und häufig die in den verschiedenen Epochen unterschiedliche Bedeutung ihrer Verwandlungen suggerieren unmittelbare Affinität mit dem Schicksal und den Wechselfällen der Irdischen.

Wenn die Analogie Prometheus–Napoleon einem Schriftsteller wie

Robert Musil für einen Mann mit Eigenschaften noch als richtige Konnotation erschien, im Gegenlicht zu lesen, sind es andere und offenere Andeutungen, die die Arbeit am Mythos bestimmen, die Schriftsteller und Künstler an der Schwelle zur Moderne wählen, um neue Anschauungsformen zu schaffen. Warum erscheint Leda, das anmutige, erotische Sujet, das in Gemälden, auf Gegenständen und Schmuckstücken aus römischer Zeit dargestellt ist, in der Literatur vernachlässigt, aber von den großen Malern der Renaissance vergöttert, nach Jahrhunderten so auffällig häufig in der deutschen Malerei der dreißiger Jahre? Etwa nur aus Gründen der Nachahmung einer großen Epoche, mit der sich das neue Reich identifizieren wollte, oder eher, weil Leda die Mutter der Dioskuren ist, der strahlenden Helden brüderlicher und männlicher Solidarität? Oder weil Helena ihre Tochter ist, Sinnbild jenes ewig Weiblichen, das schon Faust verführte, zu den Müttern herabzusteigen? Es scheint nicht so, daß sich die Künstler des »Dritten Reichs« für die Genealogie der Tyndariden interessiert hätten. Ihre Leda ist noch nicht Mutter und folglich auch nicht Großmutter des unglücklichen Euphorion, Sohn des Faust, der von Zeus mit einem Blitzstrahl getötet wurde, sondern vielmehr die *Urfrau*, die erste Frau des Mythos überhaupt. Sie wird dargestellt, wie es sein soll: dem großen Schwan hingegeben, dem es, vom Olymp herabgestiegen, zwischen weit wichtigeren Amtsgeschäften gefällt, sie zu lieben. Als Herrschaftsbild ist der Schwan Protagonist eines mythologischen Märchens, das dem Kleinbürger erzählt wird: Zeus ist der Urvater seiner ausschweifenden Träume, die vielleicht von den Bildern, die Faust in der klassischen Walpurgisnacht erschienen, inspiriert wurden:

> Wundersam! auch Schwäne kommen
> Aus den Buchten hergeschwommen,
> Majestätisch rein bewegt.
> Ruhig schwebend, zart gesellig,
> Aber stolz und selbstgefällig,
> Wie sich Haupt und Schnabel regt ...
> Einer aber scheint vor allen
> Brüstend kühn sich zu gefallen,
> Segelnd rasch durch alle fort;
> Sein Gefieder bläht sich schwellend,
> Welle selbst, auf Wogen wellend,
> Dringt er zu dem heiligen Ort ...

> (*Am untern Peneios*, Vers 7295-7306)

Der Schwan des Patriarchen Goethe sucht Leda, suggeriert die Freuden der mythologischen Kultur und schwimmt in den Gewässern der Bildung zwischen Griechentum und Deutschtum, die die neue Zeit bevorzugte. Vergessen scheint die Ironie, mit der der entzauberte Heinrich Heine Ledas Liebeslust tadelte:

> Aber tief muß uns empören
> Was wir von der Leda lesen –
> Welche Gans bist du gewesen,
> Daß ein Schwan dich konnt betören!

Er hatte recht; man mußte nur den Mächtigen widerstehen, obwohl gerade er als Bewunderer von Napoleon im Vorwort seines *Deutschland. Ein Wintermärchen* (1844) den deutschen Rhein in Schutz nahm, indem er schrieb:

… wenn wir das vollenden, was die Franzosen begonnen haben, wenn wir diese überflügeln in der Tat, wie wir es schon getan im Gedanken, wenn wir uns bis zu den letzten Folgerungen desselben emporschwingen, wenn wir die Dienstbarkeit bis in ihrem letzten Schlupfwinkel, dem Himmel, zerstören, wenn wir den Gott, der auf Erden im Menschen wohnt, aus seiner Erniedrigung retten, wenn wir die Erlöser Gottes werden, wenn wir das arme, glückenterbte Volk und den verhöhnten Genius und die geschändete Schönheit wieder in ihre Würde einsetzen, wie unsere großen Meister gesagt und gesungen, und wie wir es wollen, wir, die Jünger – ja, nicht bloß Elsaß und Lothringen, sondern ganz Frankreich wird uns alsdann zufallen, ganz Europa, die ganze Welt – die ganze Welt wird deutsch werden! Von dieser Sendung und Universalherrschaft Deutschlands träume ich oft, wenn ich unter Eichen wandle.

Und zu jeder Zeit mußte es die Eiche sein: Symbol der Weisheit, Macht und Größe, wie die von Abraham und Wotan, ein Baum, der es der Erde erlaubt, mit dem Himmel zu kommunizieren, Holz, aus dem die Keule des Herkules ist, göttliches Blattwerk, das Odysseus beim Zeus-Orakel in Dodona befragt. In ihrem Schatten jedoch, um die göttliche Gunst zu erlangen und um an den Traum als Prophezeiung zu glauben, wäre es notwendig gewesen, nicht die Tochter Pallas Athene, sondern Vater Zeus selbst anzurufen. Ihm war jede Willkür erlaubt: Blitze zu schleudern, seinen Adler zu befehligen, von feindlichen Gottheiten beschützte Heere zu Siegen verhelfen, auf die Erde herabzusteigen, um in Tiergestalt, wie der des Stieres, die Königstochter Europa, Nymphen und sterbliche Frauen zu lieben, die Schlachten der Menschen zu entscheiden. Die Verführung durch Eros ist ange-

nehmer als die durch politische Reden; sie lehrt, daß sich das Bewußtsein besser überzeugen läßt, die Gesetze der Mächtigen zu achten, den
Symbolen und Emblemen Ehre zu erweisen, wenn es veranlaßt wird,
mit Staunen Situationen und Ereignisse zu betrachten, mit denen es
sich identifiziert. Anders läßt sich die andere mythologische Fabel
nicht deuten, die seit der Jahrhundertwende bis zum Beginn der vierziger Jahre beharrlich in Zeichnungen und Gemälden auftaucht: das
Urteil des Paris. Der Schiedsrichter, der weniger tapfere Sohn des
Priamos, der wählen mußte zwischen der Macht, die ihm Hera, der
Weisheit, die ihm Athene, und der schönsten Frau, die ihm Aphrodite
versprach, erkannte schließlich der Göttin der Liebe den goldenen
Apfel zu: Im Namen aller junger Männer, die sich vielleicht nicht
daran erinnerten, daß die Götter sich geweigert hatten, eine Entschei-
dung zu treffen, und glaubten, wie Paris zu sein, überzeugt davon,
Weisheit zu besitzen, die Macht mühelos zu erlangen und, wie übrigens auch Faust, Helena zu verdienen. Im Mythos heißt es, daß sich
die drei Göttinnen zu Paris auf den Berg Ida begaben, um sein Urteil
zu hören. Ein hochgelegener, dem trojanischen Helden entsprechen-
der Ort. Die Bilder stellen oft eine arkadische Landschaft dar, in der
es göttliches und menschliches Zusammenleben gibt, einen glücklichen Ort, der den Betrachter daran erinnert, wie sehr die Bewohne-
rinnen des Olymps in jenem Augenblick von einem sterblichen Mann
abhängig sind.

In fast allen Geschichten des Mythos sind es die Unsterblichen, die
zur Erde herabsteigen, um dort ihre Abenteuer zu erleben und die
Sterblichen, von denen sie verehrt oder nicht erkannt werden, zu stra-
fen oder zu belohnen. In ihren herrlichen Palästen oder auf den wol-
kenverhangenen Gipfeln regieren sie, halten sie Gastmahle und Ver-
sammlungen ab, regeln sie ihre Familienangelegenheiten, die kaum
komplizierter als die der Menschen sind.

In keiner anderen Fabel ist die Höhe des Olymps entfernter von den
irdischen Niederungen und zur Weite des Meeres, wie im Mythos des
Knaben Ganymed, der von Zeus, als Adler verwandelt, geraubt wurde.
Keine andere Erzählung lehrt mit so starker symbolischer Kraft den
Unterschied zwischen Hoch und Tief, zwischen denen, die auf Erden
bleiben, und denen, die an die Göttertafel erhoben werden. Wenn der
Stier, der so lange zahm bleibt, bis das Mädchen Europa auf seinen
Rücken springt, das Meer und alle Grenzen überwindet, Metapher für
Eroberung und horizontale Herrschaft ist, ist der Adler, der den jun-
gen Königssohn in seinen Fängen trägt, Zeichen für die Vertikalität

und die metaphysische Macht. Die Loslösung von der irdischen Wirklichkeit bedeutet Trennung, leerer Zwischenraum, der weder von denen überwunden wird, die staunend in die Höhe schauen, noch von denen, die sich schon oben befinden. Entführung oder ersehnter Aufstieg?

Vielleicht offenbart gerade diese leere Mitte zwischen den Extremen, mehr als die Gewalt des Raubes oder der Wunsch, in den Olymp erhoben zu werden, das aktive Potential des Mythos von Ganymed und die Ambiguität, die Kunst, Religion und Politik im Schicksal des von Zeus zu seinem Diener erwählten Sterblichen zu erkennen. Es ist diese beunruhigende Faszination, die zutage tritt, wenn die Arbeit am Mythos die verborgenen Strukturen der Psyche und die einer Gesellschaft aufdeckt, die sie widerspiegeln.

In seinem Ehrgeiz, die eigene Epoche am Ideal der antiken Kultur Griechenlands zu messen und sich von der römischen zu entfernen, gestand das bürgerliche Deutschland einigen Figuren des Mythos den Wert von Seelenvorbildern zu, die es zu verehren und nachzuahmen galt. Das ikonologische Wissen von Johann Joachim Winckelmann, die poetischen und bildlichen Inspirationen des jungen Goethe wie auch die Friedrich Hölderlins bilden symbolische Konstellationen, die tiefe Bindungen zum Bewußtsein und zu den Leidenschaften, die es beherrschen, offenbaren. Der Mythos vom Liebling des Göttervaters – die Psychoanalyse würde ihn *Puer aeternus* nennen – war für die Philosophie und die antike Religion weder nur Bild für die Aufnahme in den Himmel und frühen Tod noch einfach Zeichen für homosexuellen Eros oder platonische Sublimierung, sondern auch Figur für legitimen Herrschaftsanspruch unter göttlichem Schutz. Seine ästhetische Wiederfindung zwischen Aufklärung und Klassik wurde zum Identifikationssymbol für die jungen Generationen von der Romantik bis zum »Dritten Reich«. Ganymed und Achill, Protagonisten außergewöhnlicher Ereignisse, gewählt aus dem kollektiven Gedächtnis der aristokratischen und bürgerlichen Gesellschaft, vermitteln den Wunsch nach Auserwähltheit und Macht gerade in der Generation, die sich auf den Ersten Weltkrieg vorbereitete. Gerade der Glaube an das Auserwähltsein hat zu der Interpretation einer zweideutigen Affinität zwischen deutscher Kultur und Judentum verführt.

Die Überfahrt an Bord des Dampfers *Europa* konnte für Juden in Deutschland nur weg von der verratenen Assimilation, hin zur schmerzlichen Alterität in einer neuen Welt bedeuten.

Es gibt Bücher, die in der Bibliothek entstehen; andere werden nach einer langen oder kurzen Reise geschrieben, wieder andere, wenn es nach der Reise keine Rückkehr mehr gab. Die Kapitel dieses Buches wären anders geschrieben, hätte ich nur einige längere oder kürzere Reisen in Europa unternommen. Die lange Vertrautheit mit einer Kultur, aus dem Wunsch entstanden, sie besser zu verstehen, und mit einer Sprache, die keine Kindheitserinnerungen erweckt, schützt vor Verführung wie auch vor plötzlichen Aversionen. Sie erlaubt es, bei Irritationen nach Gründen für die Fremdheit und ihre Entstehung zu suchen.

Sie mildert die Furcht vor der Überlegenheit einer Kultur in einem Lande, in dem der Bruch mit der Geschichte nur mit Mühe überwunden wird und der Anspruch auf den europäischen Rang und seine Tradition die Gegenwart bestimmt. Das tägliche Leben in Deutschland hat mich gelehrt, einer Rhetorik von Schuld und Vergessen wie von dunkler Unschuld und Rechtfertigung zu mißtrauen, aber auch die schmerzlichen Grenzen der Verletzlichkeit einer Gesellschaft zu erkennen, in der Formen von Aggression und Macht mit Unsicherheit und Feigheit kämpfen. Die Arbeit hat es mir erlaubt, Fragen zu stellen, Antworten, aber auch Schweigen zu verstehen und ein zu oft von der historischen Verantwortung abgetrenntes Wissen auf die Probe zu stellen. Bilder und Worte kamen mir schließlich wie Zeichen vor, die es zusammenzufügen galt, um Phänomene und Ereignisse einer Geschichte zu deuten und in einem Buch zu erzählen, von dem ich wußte, daß es nicht allein in einer Bibliothek hätte entstehen können.

Vater unser

Bei ihnen sei, berichtet man, auch Herkules gewesen, und sie besingen ihn als den größten aller Helden [...]

Manche glauben aber, auch Ulixes sei auf seiner berühmten, langen und sagenhaften Irrfahrt in diesen Teil des Ozeans verschlagen worden und habe Germaniens Länder besucht.

(Tacitus, *Germania*, Kap. III)

An einem klaren Aprilmorgen des Jahres 1795 begibt sich Jean Paul Richter, der sich selbst als »Fliegenfänger am Himmel des Ideals« bezeichnete, auf die Suche nach einem hochgelegenen Ort, geeignet zum Schreiben und mit Ausblick auf einen weiten Horizont. Er wollte dort seine *Biographischen Belustigungen*[1] beginnen, der späteren Anregung zu seinem Roman *Titan*. Dieser von ihm gewählte, sehr hoch und geschützt gelegene Ort ist die Gehirnschale einer Riesin, eine Gestalt von unübertroffenem Ausmaß, die sich gewaltig wie ein Obelisk auf einem Gipfel erhebt:

Man köpfe eine Alpe und baue sie voll [...], um diesen waldkappelischen Fenstertritt der Erde lagert – wie sich um das von einem unermeßlichen Zuggarn gefaßte Herz schön verstrickt tausend Ketten und Seile der Liebe legen [...], und die eiserne Bergkette, an der wie an einer Jupiters-Kette alle weichere Bänder niederhängen.[2]

Der Stammbaum dieser Riesin hat seine Wurzeln im Neid und in der Rivalität unter den regierenden Fürsten. Jean Paul erzählt ihre Herkunft wie eine Familiengeschichte seines Großvaters, eines frei erfundenen Herrn des Fürstentums Flachsenfingen. Vom stummen Zorn der Mächtigen ergriffen, als er hörte, wie Gäste und Reisende das neueste vom Landgrafen von Hessen ersonnene Wunderwerk feierten, die großartige Konstruktion *(Abb. 1)*, die außergewöhnlichen Ausmaße des Herkules rühmten, jener riesigen, im Park seines oberhalb von Kassel gelegenen Schlosses errichteten Bronzestatue, war er bei dem Gedanken, daß er, der Großvater, innerhalb seiner Landesgrenzen dem nichts entgegenzusetzen hatte, zutiefst verbittert. Herkules, fast zehn Meter

1 Jan van Nickelen, *Ansicht des Oktogons mit Herkules und der Grotte des Pan.*
Um 1716. Staatliche Museen Kassel, Gemäldegalerie Alte Meister

hoch, entzog sich jedem preußischen Maß, übertraf bei weitem das
Idealmaß der *langen Kerls*, Leidenschaft von Friedrich Wilhelm I. von
Preußen, der eine Vorliebe für ihre Übergrößen hatte und sie Mann
für Mann einzeln zeichnete.

Im Kopf des Herkules, der einen Umfang von zweieinhalb Metern
hat, war Platz für elf Personen, die aus einer Höhe von 596 Metern im
Habichtswald, wo sich die Wasserspiele ins Tal ergießen[3], einen Blick
ins Blaue genießen wollten. Von der geplanten Höhe der Figur hatte
schon Leibniz gehört.

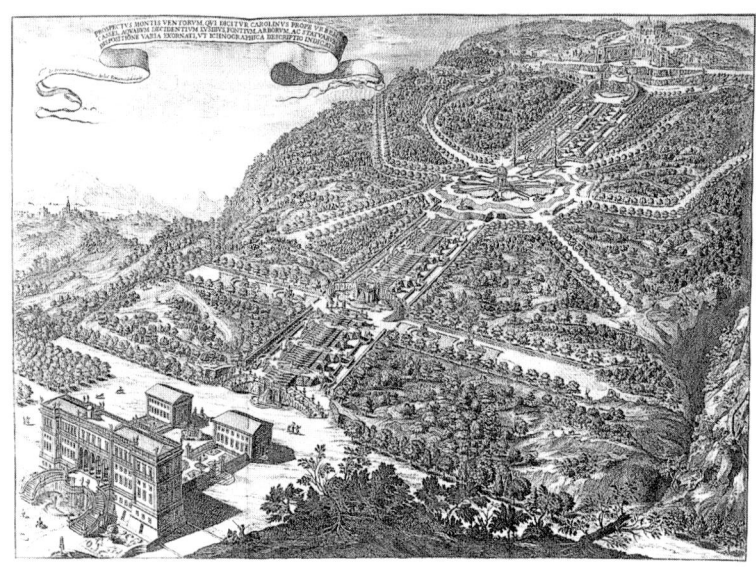

2   Io. Francesco Guarnerius Archit. Romanus Alexander Speculus Inc.,
Idealplan des Carlsberges. Aus: Delineatio montis a metropoli Hasso-Casselana.
Kassel 1749

1705 schickte der Landgraf Karl von Hessen-Kassel seinen berühmten Verwandten, regierenden Häuptern in Europa, statt eines Fami-
lienporträts eine Reihe von Stichen des Entwurfs seines neuen Parks
von utopischer Ausdehnung *(Abb. 2).* Überzeugend wirkte die Idee, als
Krönung der künstlerischen Landschaft auf der Spitze des Baues, ent-
sprechend der Ikonologie der Mächtigen, eine Gegenfigur zum Son-
nengott Helios, dem Sinnbild des Königs von Frankreich, Ludwig
XIV., zu errichten.[4]

Liselotte von der Pfalz, geistreiche Kusine des Landgrafen und
Schwägerin des Sonnenkönigs, befürchtete im übrigen schon 1707, als
sie von den »Millionen von Talern« hörte, die die Verwirklichung dieses Vorhabens kosten würde, den Ruin des Vetters.

Dieser entschied sich gegen den Vorschlag des italienischen Architekten Guerniero, zwei Pyramiden mit Mars und Venus oder Herkules
und Minerva zu errichten, für die Einzelstatue des Kraft und Intelligenz in sich vereinigenden Helden, den Halbgott, der den Unsterblichen dabei geholfen hatte, die Titanen, die Himmelsstürmer, wieder

3   Jan van Nickelen, *Blick vom Riesenkopf über Vexierwassergrotte zum Oktogon (Detail)*. Staatliche Museen Kassel, Gemäldegalerie Alte Meister

in den Abgrund zu treiben. Im Becken, das unter dem Oktogon das Wasser auffängt *(Abb. 3)*, liegt der Kopf des Enkelados, des vermessensten Giganten. Kassel gegen Versailles?

Als Symbol der Macht und einer noch barocken Pracht, aber bereits Figur des neuen Jahrhunderts und seines Sichwiderspiegelns in der Kultur der antiken Welt, war Herkules, der den Schloßpark Wilhelmshöhe beherrscht, nach dem Vorbild des Herakles Farnese, der in der Hand hinter seinem Rücken die Äpfel der Hesperiden verbirgt, zwar Identifikationssymbol für den regierenden Herrn, aber ein für seine Untertanen fremdes Bild, das sie mit ihrem »großen Christophorus« verwechselten. Sie warfen dem Landgrafen vor, seinen Park mit Hilfe fremder Mächte finanziert zu haben, denen er seine Truppe überließ, um für sie zu kämpfen. Für jeden gefallenen Soldaten erhielt der Landgraf tatsächlich einen zusätzlichen Zins. Herkules war eine Herausforderung an die Sparsamkeit der benachbarten Herrscher, die nicht mehr wußten, welche Steuer sie noch erheben sollten, um neue Kriege zu finanzieren oder neue Schlösser zu bauen. Der findige Großvater in den *Biographischen Belustigungen* von Jean Paul ersann zur Finanzierung seines Gegenplans einen angeblichen Steuernachlaß und als Ersatzleistung die Pflicht, dem Herrscher für jeweils fünfundzwanzig steuerpflichtige Taler einen kleinen Nürnberger Zinnsoldaten zu entrichten, der dann mit seiner ganzen Armee zu einer riesigen weiblichen Figur eingeschmolzen werden sollte. Mit dem richtigen Obolus wurde auf dem höchsten Gipfel des Territoriums die kolossale Figur der Jungfer Europa errichtet, die den hessischen Herkules um fünf rheinländische Zoll überragte.[5] Wenn im Kopf des Koloß von Rhodos wie in Herschels Teleskop ein musizierendes Orchester Platz fand, dann konnte unter dem bleiernen »Kranium der Miß Europa«, so freute sich Jean Paul[6], ein ganzes Inquisitionsgericht mit seinen Sessionstafeln Platz genug vor sich haben. Auch für sein Schreibpult und seinen Sessel würde Raum sein, damit er »aus ihren Augenhöhlen die herrlichste Aussicht von der Welt« genießen könne. Vom armen Fürstentum Flachsenfingen aus die Vogesen bis nach Paris beherrschen?

Jean Pauls Jungfer Europa reitet nicht auf einem Stier, sondern erhebt sich gewaltig und starr. Statt von Knochengerüst und Wirbeln wird die Riesin von Eisenstangen und Barren aus Kanoneneisen gehalten, so daß sie nicht ins Schwanken geraten kann. Da Eisen jedoch die Eigenschaft hat, zu rosten und Blitze anzuziehen, hat man vorsichtshalber auf ihrem Kopf 72 Gewitterstangen in Bajonettlänge angebracht.[7]

Man braucht ein gutes Sehvermögen, besonders wenn man vom Tal heraufblickt, um die Krone der Gewitterstangen nicht für eine Zackenkrone oder, schlimmer, für eine Dornenkrone zu halten. Die Jungfer Europa hat ihre Insignien verändert, und man könnte fast vermuten, daß ihr neuer Herr sie noch nie auf einer dieser Landkarten gesehen hatte, auf denen die Allegorie die Geographie bestimmt. Es wäre ungerecht, ihn solcher Ignoranz zu bezichtigen: »blos weil er die Fontange dieser Dogaressa in eine Krone umschnitt. Aber beim Himmel!«, verteidigt ihn der Enkel scherzhaft:

wenn nicht ein regierender Herr an Europa den Kopfputz in eine Stachelkrone verwandeln darf, so seh' ich nicht ein, wer sonst das Recht dazu haben soll,

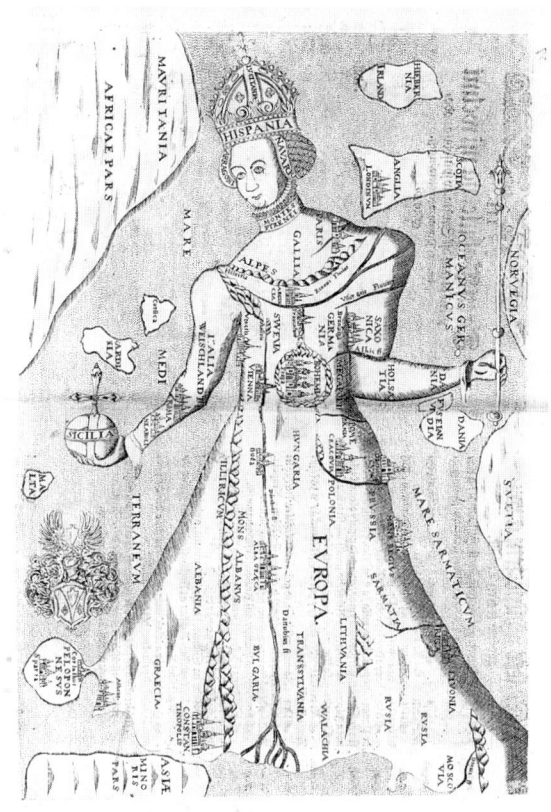

4 Daniel Adam von Veleslavin, *Jungfrau Europa*. Aus Heinrich Bünting: Itinerarium Sacrae Scripturae. 1592

oder wie mit einem größeren die Holländer den Freiheitshut – die Jakobiner die Freiheitsmütze – die Staatsinquisitoren die Dogenmütze und die Fürsten ihren eignen Fürstenhut in eine Krone umzustülpen Befugnis hatten [...].[8]

Schon in der alten Ikonographie wie der *Cosmographia* von Sebastian Münster (1588) oder in der von Heinrich Büntig (*Itinerarium Sacrae Scripturae*, 1592; *Abb. 4*) ist es nicht die profane Krone einer reichen Provinzdame, wie sie in Ripas *Iconologia* dargestellt wird, oder die einer Herrin reicher Länder, sondern auf dem Haupt der strengen Vertre-

terin der kirchlichen und weltlichen Macht ruht die Krone einer Kö-
nigin mit dem Kreuz Seiner Katholischen Majestät, des Königs von
Spanien.

In der *Cosmographia* von Münster erscheint zum ersten Mal der lateinische Name Germania, neben dem von Sachsen und Schwaben. In
der Zeichnung von Daniel Adam von Veleslavin (1592) wird Deutschland von Oberarm und Brust gebildet, in der das protestantische und
rebellische Herz Europas schlägt.[9] Der Rhein schmückt ihr Dekolleté.
Von der Stadt Frankfurt, Ort der Kaiserwahlen, hängt Böhmen wie ein
Schmuckstück herab. Nach der Revolution gilt das Kreuz auf der
Krone als ein altmodisches Attribut, die Hutform erliegt der Faszination von nationalen Uniformen: Der preußische Helm brüstet sich
jetzt mit seinem Pickel als Blitzableiter.

»Der rhodische Kolossus *(Abb. 5)*, der nach den Zeugnissen der Alten mit einer
Laterne die Schiffe heimleuchtete, könnte dem Himmel danken, wenn er meiner europäischen Kolossin, die seit heute eine lange Miethfackel in die Welt
hält und solche damit überleuchtet – ich als Lichtgießer stehe für meine Arbeit – er könnte froh sein, sage ich, wenn er der Riesin sich als Sponsus antra-
gen dürfte«[10] – und dachte an eine *Liaison non dangereuse.*

Der Geist, noch jenem der *Encyclopédie* ähnlich, mit der kleinen zün-
gelnden Flamme auf dem Kopf, ist geneigt, auch jenseits der Säulen
des Herkules bis aufs Meer der Griechen zu strahlen, das in den Augen
der Deutschen nun als Widerschein von Liebesprojektionen leuch-
tet. Fast hundert Jahre bevor die Freiheitsstatue mit ihrer Fackel den
größten Hafen der Neuen Welt erhellte, erfand die romantische Ironie die bittere Allegorie einer Europa, die, gegossen vielleicht in
einem bayrischen Herzogtum aus dem Blei Nürnberger Zinnsoldaten,
nicht mehr das Zepter und den kaiserlichen Apfel in der Hand hält,
sondern eine Fackel, vom deutschen Geist entzündet, der sich unter
der Schädeldecke, in Europas »Zirbeldrüse« eingenistet hatte, um,
wie Jean Paul behauptet, die herrlichste Aussicht zu genießen.

Und dennoch schien diese Illumination mit ihrer ökonomischen
Gehorsamkeit und ihrer Anmaßung gegen jedes »Geheimnis und Wun-
derding« so zu verärgern, daß man dem höchsten Ornament, der alten
Krone, dem von Philanthropen und Aufklärern so verhaßten Kreuz
nachtrauerte. Man könnte Leopardi recht geben, der in dem um die
Nachfolge ausgebrochenen Kampf zwischen Mäusen und Fröschen
sehr wohl wußte, an wen er sich zu wenden hatte, um den fatalen Zwist
zu beenden:

5 Alterthümer: *Coloss zu Rhodos – Der Olympische Jupiter – Der Dianentempel zu Ephes.* Aus Friedrich Justin Bertuchs »Bilderbuch für Kinder«. Landes-Industrie-comptoir, Weimar 1792. Herzogin Anna Amalia Bibliothek, Weimar

> Ein deutscher Philologe, einer von jenen,
> die uns beweisen, daß Deutsche und Hellenen
> einst Brüder waren nach Herkunft und Idiom,
> im Grunde ein einziges Volk, und daß auch Rom
> eine germanische Stadt war, er machte uns klar,
> auf Grund seiner Gründe und Titel sei folgendes wahr:
> Im Reich der Mäuse habe seit uralter Zeit
> das Erbgesetz der Salier Gültigkeit.[11]

Eine Art Segen, diese Feinheit des Geistes, die demjenigen versagt ist, der von Natur aus nicht über eine solche hermeneutische Tugend verfügt und sich, als sich der romantische Nebel langsam lichtet, erstaunt fragt:

6   Jean-Jacques Bachelier,
L'Europe savante. 1758-1762.
Musée du Louvre, Paris

Was alles beweisen sie nicht, die Ideen und Prämissen
und Theorien der alemannischen Leute,
denen folgend in dunklen Fragen wir heute
einfach alles und morgen gar nichts mehr wissen.
Und selbst in den klaren Dingen schaffen sie immer
Zweifel und Ängste und nebelhaftes Geflimmer.
Nur daß sie stets zu der festen Erkenntnis kamen:
die Früchte der Welt, die sprießen aus deutschem Samen.[12]

Und die anderen Herrscher in Europa?

Frankreich gab sich damit zufrieden, die Karte seines Territoriums
nach den Errungenschaften der Kunst und der Wissenschaft zu um-
reißen, um es als *L'Europe savante (Abb. 6)* zu bezeichnen. Die Allegorie des Genre- und Historienmalers Jean-Jacques Bachelier, der im
Pariser Salon 1763 ausstellte, von dem Diderot[13] angewidert war, wird
von einer Büste Ludwigs XV. beherrscht und am Horizont vom Hei-
ligtum des Louvre begrenzt, während im Vordergrund ein Hahn und

26

ein Pferd, Wappentiere Frankreichs und Spaniens, sich damit begnü-
gen, die Putten zu erheitern. Im Schatten einer Eiche, von den Iko-
nologen als Symbol der Beständigkeit der Monarchie gedeutet, bot
Frankreich, vor der Revolution, das Bild einer sicheren, nicht gespaltenen Identität Europas.

Der Romantiker Friedrich Schlegel hat es genauso gesehen, als er
zu Beginn des neuen Jahrhunderts Paris, seine Politik und Kultur für
das Zentrum Europas hielt.[14] In Wien hingegen repräsentierte der
junge Joseph II., Kaiser des Heiligen Römischen Reichs – und nicht
Maria Theresia – Europa[15] und die Identität Österreichs, wie etwa in
der Skulptur im Park von Veitshöchstheim *(Abb 7)*.

Im Deutschland nach der Begeisterung des Sturm und Drang wurde
um die Jahrhundertwende die Sehnsucht nach dem Exotismus in die
Utopie einer neuen religiösen und politischen Einheit übersetzt, im
Bewußtsein, an dem Ort zu sein, an dem das Herz Europas mit ju-
gendlicher Kraft am schnellsten schlägt.

In Deutschland hingegen kann man schon mit voller Gewißheit die Spuren
einer neuen Welt aufzeigen. Deutschland geht einen langsamen aber sichern

7 Ferdinand Tietz bzw. Dietz,
*Europa, dargestellt als »Römischer
Kaiser Deutscher Nation« in der
Gestalt Kaiser Jospeh II., aus
dem Zyklus »Die vier Erdteile«.*
Gartenskulptur.
Eh. Veitshöchheim, Schloßpark
(Heute: Mainfränkisches
Museum, Würzburg)

Gang vor den übrigen europäischen Ländern voraus. Während diese durch Krieg, Spekulation und Parthey-Geist beschäftigt sind, bildet sich der Deutsche mit allem Fleiß zum Genossen einer höhern Epoche der Cultur, und dieser Vorschritt muß ihm ein großes Uebergewicht über die Andere[n] im Lauf der Zeit geben.[16]

So schrieb der junge Novalis in *Christenheit oder Europa*, 1799.

In Wissenschaften und Künsten wird man eine gewaltige Gährung gewahr. Unendlich viel Geist wird entwickelt. [...] Eine Vielseitigkeit ohne Gleichen, eine wunderbare Tiefe ...[17]

Diese immer wieder verwendeten, mystifizierten Zitate von Novalis, die in dunklen Zeiten sowohl von der Parteipropaganda als auch von der konservativen Revolution – von Carl Schmitt bis Ernst Jünger – mißbraucht wurden, wirkten wie Prophezeiungen, die die eigene Zeit erkennen halfen. Liest man sie zusammen mit einigen Anmerkungen aus *De L'Allemagne*, wirken sie wie Bruchstücke einer Konversation zwischen Germaine de Staël und August Wilhelm Schlegel, dem Privatlehrer ihrer Kinder. Es war im übrigen Schlegel, der mit seinem Bruder Friedrich am europäischen Projekt einer neuen, von den Gedanken Novalis' inspirierten Zeitschrift arbeitete und als erster von »europäischem Patriotismus«[18] sprach.

Dem Schauspiel, das Berlin gewährte, kam in Deutschland kein andres gleich. Berlin, im Mittelpunkt des nördlichen Deutschlands, kann sich als den Brennpunkt der Aufklärung und des Lichts betrachten. Wissenschaften und Künste sind im Flor, und bei den Mittagstafeln, wozu bloß Männer geladen werden, bei Ministern, Gesandten etc. findet die Abstufung des Ranges, die dem Verkehr in Deutschland so nachteilig ist, nicht statt, Männer von Talent aus allen Klassen treffen hier zusammen. Dieses glückliche Gemisch erstreckt sich aber noch nicht bis auf die Frauen ...[19]

Von Berlin her kam also das Licht, doch seine Strahlen glänzten in den Augen der aristokratischen Pariserin zu neu auf eine geschichtslose Landschaft:

Ich für meinen Teil würde mir in Amerika neue Städte und neue Gesetze wünschen; dort sprechen Natur und Freiheit laut genug zur Seele, um die Erinnerungen entbehrlich zu machen; aber auf unserem alten europäischen Boden müssen wir auf Spuren der Vergangenheit stoßen. Berlin, diese ganz moderne Stadt, so schön sie immer sein mag, bringt keine feierliche, ernste Wirkung hervor ...[20]

Das europäische Gedächtnis braucht Erinnerungen. Das Fehlen von Geschichte wie auch das Bild vom Nationalcharakter der Einwohner beunruhigen Mme de Staël. Sie erscheinen ihr nicht wie die reale Projektion der in Raum übertragenen Ordnung neuer Ideen, obwohl sie deren ambivalente Dimension wahrnimmt. Das Preußen Friedrichs hat für sie ein Janusgesicht: eine militärische und eine philosophische Seite. Es ähnelte seinem König, der schlecht Deutsch sprach, seine Untertanen wie Ausländer und die französischen *hommes d'esprit* wie Landsleute behandelte, den deutschen Geist verachtete und sein Testament auf französisch verfaßte.[21] Europäer oder nur zerrissen zwischen der Staatsidee und seinem Brandenburg?

Er war eine zweideutige Vaterfigur. Das Mißverständnis der Identität bei ihm, deutsch von Geblüt, Preuße in der Seele und – vielleicht – Franzose im Herzen zu sein, schuf den ersten Riß, die Spaltung zwischen realer Macht und Herrschaft des Intellekts, zwischen Geschichte und Historie.

In Deutschland, so beobachtete Mme de Staël,

reicht der philosophische Geist viel weiter als in irgendeinem andern Lande; nichts hält ihn auf, und gerade die Abwesenheit einer politischen Laufbahn, wie nachteilig sie auch der Masse ist, gibt den Denkern um so mehr Freiheit. Aber eine unermeßliche Kluft trennt die Geister der ersten und der zweiten Ordnung, weil für Menschen, die sich nicht zur Höhe der umfassendsten Konzeptionen erheben, weder ein Interesse noch ein Gegenstand der Tätigkeit vorhanden ist. Wer sich in Deutschland nicht mit dem Universum befaßt, hat nichts zu tun.[22]

Der existentielle Riß zwischen den Anhängern des Abstrakten und denen des Konkreten sowie die noch tiefere Kluft zwischen männlichem Rang und weiblicher Gesellschaft kennzeichnen preußische Modernität:

In Berlin schränkt sich die Unterhaltung der Männer fast bloß auf Männer ein; der Kriegszustand verleiht ihnen eine Art von Rauheit, die es ihnen zum Bedürfnis macht, sich dem Zwang einer Gesellschaft mit Frauen nicht zu unterwerfen.[23]

Diesen wurde, zumindest aus Gründen der Bequemlichkeit für die Männer, die lästige, nichtuniversale Haushaltsführung anvertraut. Die männliche Solidarität, die ihren Ausdruck in den Freimaurerlogen und später in den studentischen Verbindungen fand, die so allegorischpatriotische Frauennamen trugen wie Germania, Teutonia, Arminia, Bavaria, Saxonia, regiert das militärische und bürgerliche Leben, die Vergnügungen und die Hierarchien am Hof, die Familienbeziehungen, die Sprache. Die Exterritorialität der Salons der jungen Jüdinnen Rahel Varnhagen und Henriette Herz, die wegen ihres religiösen und sprachlichen Exotismus große Anziehungskraft ausübten, täuschten nur über den Wunsch nach einer schon wieder unbekannten Freiheit und Promiskuität hinweg.[24]

Zum ersten Mal erhielt Deutschland eine literarisch-gelehrte Hauptstadt; doch konnte diese Hauptstadt, da sie übrigens sehr klein war, nur durch ihr literarisches Licht Aufsehen erregen, ohne zugleich die Mode der Schöngeisterei, welche, wie alle übrigen, Einförmigkeit hervorbringt, aus ihrem zu engem Kreise allgemein verbreiten zu können.[25]

Weimar, die verwirklichte Utopie einer geistigen, von der Macht und der Identität des Ortes nicht losgelösten Größe, ein »Landsitz«, den die Deutschen Stadt nennen, eine kleine, wie zu einem Schloß zusammengefügte Stadt, in der das Interesse für die Künste zum Nationalcharakter wird, vereint wie eine brüderliche Bande die verschiedenen gesellschaftlichen Schichten.

Man konnte sich hier im kleinen einen Begriff von der guten Wirkung machen, die eine solche wechselseitige Berührung, wenn sie allgemein würde, in Deutschland hervorbringen müßte.
   Liebenswürdige Schülerinnen einiger höherer Köpfe beschäftigten sich mit literarischen Arbeiten, als wären es die wichtigsten Neuigkeiten der Zeit gewesen, zogen durch Lesen und Studieren die Welt zu sich heran und entrissen sich mit Hilfe des unermeßlichen Gedankenraums den Zwangsformen der Umstände.[26]

Die geistigen Größen, Goethe, Herder, Schiller, übten die Kunst der Konversation mit der Herzogin Anna Amalia, mit Charlotte von Stein, aber auch mit den Schauspielerinnen des Hoftheaters, während sich die gute Gesellschaft gegenüber Christiane Vulpius, der jungen bürgerlichen Ehefrau des *genius loci* Wolfgang, zurückhaltender verhielt.
   Weimar, von der idealen Freundschaft derer beherrscht, die sich die Dioskuren nannten, Goethe und Schiller, war Residenz eines jungen Herzogs; Goethe, großer Dichter, ist ein fähiger Politiker und umsichtiger Verwalter, seine Sprache ist nicht das Französische, sondern weist noch die Mundart von Frankfurt auf, jener Stadt, in der die Herrscher gekrönt wurden. Der Geheimrat wußte, daß er weit oben,

unter der Stirn der Jungfrau Europa wohnte und den Auftrag hatte, mit seiner Fackel von einem deutschen Herzogtum aus die Welt zu erleuchten. Für ihn war Europa »unser Kontinent, der alte«[27], wie er ihn nannte, weder das deutsche Panorama des ironischen Jean Paul noch die christliche Erdkugel von Novalis, sondern der gesamte Okzident, der sich im Ideal der Menschheit mit dem Orient vereinigen sollte.

Nationalphisionomien. [...] Der südliche Mensch ist der gefühlte. – Der idealschöne ist auch nur gefühlt. – Im inneren dargestellt. – Nur der Begriff des höchsten Menschen ist gesetzlich. – Der höchste Begriff vom Menschen kann nur durch Vielseitigkeit, Liberalität erlangt werden. – Dessen war zu seiner Zeit der Grieche fähig. – Der Europäer ist es noch. – Unterschied der Nationen.[28]

So schrieb Goethe in dem Fragment »Von der Natur zur Kunst« für die *Propyläen*. Aber seine Europäer waren Bewohner eines Universums, in dem sich Religionen und Mythen für ihn zu einem modernen Synkretismus vereinten. Die *Weltliteratur* war keine kleine Utopie, sondern eine ernsthafte, kontinuierliche Vermittlungsarbeit, war Übersetzung, Übertragung von Sprachen und Bildern, die rigorose Verfassung eines neuen zugleich ästhetischen wie politischen Staates.

»Man nannte Weimar längst Deutschlands Athen«[29], doch welche Gottheiten verehrte man in den bürgerlichen Tempeln, in den Parkanlagen an der Ilm, wo Schiller, Herder und Wieland spazierten, in den Schlössern und in den Wäldern, in denen hundertfünfzig Jahre später das Lager Buchenwald entstand?

Die literarischen Projektionen lassen sich als symbolische Formen des Bewußtseins einer im Werden begriffenen Zeit erkennen, in der die Sprache neu, die Zungen noch ungeübt waren. Einige Gestalten wurden zu fiktiven Mustern, denen die Aufgabe der neuen Menschenerziehung zukam, die aber in ihrer historischen Verwandlung betrachtet eine tiefe Ambivalenz aufweisen. Es sind nicht die in der Ausübung ihrer Macht so eindeutigen Götter wie Zeus, Mars oder Venus, die die Ängste und Wünsche der Menschen verkörpern, sondern die Geschöpfe der Mitte, die an einer Doppelnatur, an der Grenze zwischen zwei Reichen teilhaben. Halbgötter, Heroen, Dämonen, Sterbliche, die aus Verdienst oder wegen ihrer Schönheit in die himmlischen Sphären aufgestiegen sind: Epimetheus, Pandora und die Protagonisten der beiden großen Hymnen *Prometheus* und *Ganymed*[30] (1774), die Goethe nicht getrennt, sondern wie in einem mythologischen Diptychon vereint sehen wollte.

8 Heinrich Füssli, *Prometheus.* 1770-71. Öffentliche Kunstsammlung, Basel

Wenigen mythologischen Figuren der antiken Welt wurde soviel Aufmerksamkeit entgegengebracht wie Prometheus und vielleicht Pygmalion. Die literarische Identifikation wählte sie mit Vorliebe, gab ihnen politische, ästhetische, symbolische Konnotationen.

Drei Aspekte des Prometheus-Mythos erscheinen als die »fruchtbaren Augenblicke« für die figurative Darstellung. Da der Augenblick des Feuerraubs schwer zu veranschaulichen ist, wird von den anderen Elementen der Erzählung mal das eine, mal das andere bevorzugt: die Arbeit, die Autonomie der Schöpfung, die Bestrafung wegen Übertretens des göttlichen Verbots oder die Befreiung aus den Ketten, mit denen Hephaistos ihn an einen Felsen im Kaukasus geschmiedet hatte. Während der gefesselte Prometheus in der Renaissance (Carracci, Romanino, Palma der Jüngere, Tizian) als Bild des Ungehorsams und der göttlichen Rache erschien, wurde seine Befreiung später, im Jahrhundert der Revolution, zum Sinnbild der Revolte.

Wie ein emblematisches Wappen wirkte der 1770/71 von Johann Heinrich Füssli gezeichnete Prometheus, der die Sonne aufgehen sieht und seine Hand dem Adler entgegenstreckt, der ihn nun nicht mehr angreift *(Abb. 8).*

Hans Blumenberg verweist in seiner Deutung des Mythos von Prometheus darauf, wie Goethe sich für die Figur seiner Ode von einem der emblematischen Bilder hat inspirieren lassen, die den Schöpfer der Menschen in seiner Werkstatt darstellen.[31]

»Noch 1830«, schreibt er, »als er die Ode in die Ausgabe seiner Werke letzter Hand aufnimmt und ihr die Stelle eines dritten Aktes im geplanten Drama zuweist, hält er sich in der szenischen Anweisung an die früheste anschauliche Berührung mit dem Prometheus in seiner Werkstatt.«

Lodovico Carracci und Pompeo Batoni hatten Prometheus beim Formen des Menschen dargestellt, in symbolischer Analogie zu der Arbeit des Künstlers. Goethes Herausforderung nach Gleichheit mit dem göttlichen Schöpfer, die Entthronung des Autoritätsprinzips, das ohne Zweifeln und Rivalität nicht mehr anzuerkennen ist, verändert das Bild in eine Figur der Auflehnung. Hans Blumenberg erzählt, wie Friedrich Heinrich Jacobi am 5. Juli 1780 während seines Besuchs in Wolfenbüttel Lessing die Prometheus gewidmete Hymne Goethes zur Lektüre gab und sich dazu provozierend mit den Worten äußerte: »Sie haben für so viele Skandale gesorgt, einmal können Sie wohl auch einen auf sich nehmen.« Das Einverständnis bei der Offenbarung verbotener Dinge verweist auf die Gleichgültigkeit Lessings gegenüber der Auffassung von Göttlichkeit. War das Gedicht, das ihm so gefiel, wirklich ein Skandal, weil es anscheinend die Freiheit der Natur im Sinne von Spinoza einzuräumen schien, oder weil es eine mögliche Identifikation des modernen Bewußtseins preisgab? Prometheus, noch Aufklärer, löst die Fesseln der selbstverschuldeten Knechtschaft. In seiner Arbeit erkennt man das Pathos des schöpferischen Genies, die Vermessenheit des Geistes, der weder der Autorität noch der Ignoranz untertan ist. Der Antagonismus, die Herausforderung des Göttervaters trägt in sich die mythische Formel, in der der erste Schatten des Übermenschen sichtbar wird, der nach der Verkörperung Napoleons nunmehr im Begriff war, ein moderner Held zu werden. Wenn Prometheus Vater Zeus nicht mehr braucht, will er nun, ohne Vater[32], der neue Vater der Menschen sein, die er nach seinem Bild formt, ihm ähnlich in dem Despotismus der Revolte, fern jeder olympischen Gleichgültigkeit:

> Bedecke deinen Himmel, Zeus,
> Mit Wolkendunst
> Und übe, dem Knaben gleich,
> Der Disteln köpft,
> An Eichen dich und Bergeshöhn

9   Johann Wolfgang
Goethe, *Prometheus auf einem
kahlen Gipfelfelsen erwehrt sich
des ihn mit Blitzen bedrohenden
Adlers des Zeus.* Um 1809.
Stiftung Weimarer Klassik

10   Gerhard von Kügelgen,
Prometheus. 1809

Mußt mir meine Erde
Doch lassen stehn
Und meine Hütte, die du nicht gebaut.[33]

Aus den Ketten befreit, die ihn an den Felsen im Kaukasus fesselten, ist es nur recht, daß er auch dem Adler trotzt, den der Göttervater sendet, um ihm die Leber aus dem Leib zu hacken. Goethe zeichnet ihn später in aufrechter Haltung und frei, um sich vor den bedrohenden Krallen und Blitzen zu schützen (Abb. 9). In der Geste der pathetischen Revolte wird er vermutlich noch im selben Jahr von einem Freund und Bewunderer Goethes wie Caspar David Friedrichs, von Gerhard von Kügelgen dargestellt (Abb. 10), während Peter Cornelius ihn lieber im Augenblick einer passiven Befreiung zeigt.

Nach dem Ersten Weltkrieg 1918 erzählt Franz Kafka, wie Hans Blumenberg aufzeigte, nicht das moderne Schicksal des Prometheus, sondern die Rezeptionsgeschichte des Mythos.

Von Prometheus berichten vier Sagen: Nach der ersten wurde er, weil er die Götter an die Menschen verraten hatte, am Kaukasus festgeschmiedet, und die Götter schickten Adler, die von seiner immer wachsenden Leber fraßen.

Nach der zweiten drückte sich Prometheus im Schmerz vor den zuhackenden Schnäbeln immer tiefer in den Felsen, bis er mit ihm eins wurde.

Nach der dritten wurde in den Jahrtausenden sein Verrat vergessen, die Götter vergaßen, die Adler, er selbst.

Nach der vierten wurde man des grundlos Gewordenen müde. Die Götter wurden müde, die Adler wurden müde, die Wunde schloß sich müde.

Blieb das unerklärliche Felsgebirge. – Die Sage versucht das Unerklärliche zu erklären.[34]

Die vier Sagen, in denen das Felsgebirge bleibt, erzählen die Folgen: Nachdem Rednertribüne und Sockel für die Figuren ohne Ketten waren, ist es auf die Maße des Übermenschen geschrumpft. Der Felsbrocken in den Fäusten des vermessenen Helden wird zur Waffe der Barbarei, die Dionysos und Prometheus zu den Bewohnern des neuen, im »Reich«[35] begründeten Olymps erwählte.

Der Prometheus (Abb. 11) von Josef Thorak, Hitlers bevorzugtem Bildhauer[36], Professor von Goebbels' Gnaden an der Münchner Akademie, wurde zwei Jahre vor dem Zusammenbruch der Felsen geschaffen, die von denjenigen aufgehäuft worden waren, die sich für die neuen Titanen hielten. Am Ende eines anderen Zeitalters der Metamorphosen, zwei Jahrhunderte nach der Aufklärung, ist es wieder Prometheus, der erneut ins Bewußtsein derjenigen gelangt, die sich aus

35

11   Josef Thorak, *Prometheus.*
1943

12   Werner Tübke, *Prometheus.*
© VG Bildkunst, Bonn 2001

ihren Ketten befreien wollten. Als erneute Herausforderung an eine nunmehr zerbrochene Macht, wie in einer Illustration des Raubes des Feuers von Werner Tübke *(Abb. 12)*, einem Künstler, der die alten Mythen auf die politische Realität anzuwenden wußte.[37] Prometheus ist ein Jüngling, sein Licht blendet Zeus. Der Adler wird nun seine Befehle nicht mehr durch den geteilten Himmel tragen: Symbol der Macht, die Himmel und Erde vereinigt, aus den Wolken herabsteigt und die Wirklichkeit der Menschen erreicht, wie im Mythos von Ganymed.

Und welches symbolische Bild verkörpert nun der Protagonist der zweiten großen Hymne, der schönste unter den von Zeus geliebten Knaben, der ihn von den Weiden Phrygiens raubt, um ihn zum Mundschenk der Götter zu machen?

Für Ganymedes entbrannte in Liebe der Himmlische König
einst und etwas war gefunden, was Juppiter lieber
sein wollt' vor dem, was er war. Doch er würdigt in Ihn sich zu wandeln
keinen der Vögel als den, der imstand, seine Blitze zu tragen.
Und er durchschneidet sogleich mit den trügenden Schwingen die Luft und
raubt den troischen Knaben ...
(Ovid, *Metamorphosen* X, 155 ff.)[38]

Für Goethe ist Ganymed weder der ahnungslose Knabe noch der verführerische Ephebe, der von der Gewalt der »trügerischen« Federn überrascht und von den Fängen des Adlers in die Lüfte erhoben wird, wie in der langen ikonologischen Tradition des Raubes überliefert.[39] Der Jüngling wird von einer anderen erotischen Macht entführt, die das konkrete Bild der Flügel des großen Raubtieres nicht braucht. Es ist die Verführung einer jugendlichen, noch schlummernden Kraft, die mit der Wärme der Natur in einer neuen Jahreszeit, dem Frühling, erwacht.

Es ist ein ängstlicher und sinnlicher, ein kaum erwachter, noch verwirrter Eros:

Ich komm, ich komme!
Wohin? Ach, wohin?[40]

Die Ungewißheit des »Ach, wohin« ist ein Zeichen für das beunruhigte Bewußtsein, das die Grenzen des Ichs überschreiten will. Das Unbewußte verliert an Schwerkraft und versucht, die Sphäre der verlorenen Allmacht zu erreichen. Nebel und Wolken verdecken noch das Tal, doch in seiner Verwirrung glaubt der Jüngling, geleitet vom sanften Ruf eines Singvogels, ein sicheres und natürliches »wohin« zu erkennen:

13 Moritz von Schwind, *Erlkönig*. Um 1860. Schack-Galerie, München

Ruft drein die Nachtigall
Liebend nach mir aus dem Nebeltal.[41]

Der Frühlingsnebel steigt; seine Schleier sind leichter als der Nebel einer anderen Tages- und Jahreszeit, dem dichteren und gespenstischeren Abendnebel einer Goethe-Ballade, in der ein anderer Jüngling versucht ist, die Grenzen der sichtbaren Welt zu überschreiten. Sein Vater, der zwischen grauen Weiden und gegen den Wind reitet, hält in den Armen den Sohn, bis in die Seele erschreckt von jenem »wohin«, das ihn schicksalhaft anzieht, worin nur er die Gestalt des Erlkönigs erkennt:

»Mein Sohn, was birgst du so bang dein Gesicht?«
»Siehst, Vater, du den Erlkönig nicht?
Den Erlenkönig mit Kron und Schweif?«
»Mein Sohn, es ist ein Nebelstreif.«[42]

Der Nebel vermag die Stunden und die Jahreszeiten zu verwischen, wie die der Dichtung.

Goethes Intention, die beiden großen Hymnen *Prometheus* und *Gany-*

med nicht voneinander zu trennen, suggeriert die Lektüre einer mythologischen Entsprechung in chronologischer Anordnung und ihre
gegenseitige Abhängigkeit. Die psychoanalytische Auslegung erinnert
daran, daß die Hymnen im Jahr der Freundschaft mit dem Philosophen Friedrich Heinrich Jacobi geschrieben wurden, aber auch in dem
Jahr, als Goethe sich als Freund und Ratgeber an den Herzog Karl
August von Weimar band.

In der Gegensätzlichkeit der Bilder können symbolische Strukturen
des Bewußtseins sichtbar und manche Wege geheimer Bezüge erhellt
werden.

Jede Entführung kennt ihre Form von Gewalt. Wenn die, der der
Jüngling Ganymed nachgibt, das erotische Prinzip der Natur darstellt,
den Wunsch nach Vereinigung, Metapher der göttlichen, besitzergrei-
fenden und autokratischen Vaterschaft, dann ist der Knabe, der dem
wirklichen, irdischen Vater geraubt wird, der ihn nicht vor dem Ge-
spenst des Erlkönigs, Figur des chthonischen Vaters, bewahren kann,
Prinzip der Angst, der Zerstörung, des Todes, einer Autorität, die
jedoch zu verführen weiß. Die figurativen Künstler lassen in ihrer
visuellen Interpretation die Ambivalenz dieser Anziehung erkennen.
In einem Entwurf für das spätere Bild zeichnete Moritz von Schwind
seinen *Erlkönig (Abb. 13)* in Anlehnung an die Gottvaterfiguren der
italienischen Malerei. Im nächtlichen Wald erscheint der König mit
dem wallenden Mantel von Michelangelos Gottvater in der Sixtina,
seine nach dem Kinde greifende Hand erinnert jedoch an die Gebärde, mit der – in der vatikanischen Loggie – der Gott von Giulio Romano
das Licht von der Finsternis teilt *(Abb. 14)*.[43]

Acht Jahre nach Abfassung der beiden Hymnen, 1782, ließ sich
Goethe von einer dänischen Volksballade, *Elveskud*[44], in der Übersetz-
zung von Herder, dazu inspirieren. Die Hauptfigur Sire Oluf, der am
Vorabend seiner Vermählung von der Tochter des Elfenkönigs mit wert-
vollen Gaben gelockt wird, ein Erwachsener, bereit, sich für die Realität des sexuellen Lebens zu entscheiden, wird in einen ahnungslosen
Knaben im Arm seines Vaters verwandelt. Die weibliche Gestalt
der Nymphe, die Oluf verflucht, weil er sich weigert, ihr zu folgen,
letzte erotische Versuchung des Unbewußten, wurde zu einer männlichen alptraumartigen Erscheinung, zur rivalisierenden väterlichen
Autorität: *Erlkönig.* C. G. Jungs Theorie der Archetypen könnte das
Bild des Schattens eines negativen »Senex« nahelegen, der versucht,
sich den verdrängten Aspekt seines Selbst, des verlorenen Knaben, des
nunmehr von ihm abgetrennten »Puer«[45] wieder anzueignen. Die psy-

14 Moritz von Schwind, *Erlkönig*. 1828. Staatliche Graphische Sammlung
München

choanalytisch gefärbte Goethe-Kritik bringt zwei Elemente seiner Biographie zusammen: die Vorahnung des Todes seines Vaters, die Trauer
über den Verlust und die herzliche Beziehung zu dem kleinen Fritz
von Stein, dem Lieblingssohn von Charlotte.

In der Ballade kommt die Verführung durch den nächtlichen Nebel,
der so trügerisch die Gestalt der Dinge verändert, aus dem zweideutigen Reich zwischen dem Licht des Verstandes und der Faszination des
Unheimlichen, das nun, an der Schwelle zur Romantik, seinen ehrgeizigen Anspruch verdunkelte:

> »Willst, feiner Knabe, du mit mir gehn?
> Meine Töchter sollen dich warten schön:
> Meine Töchter führen den nächtlichen Reihn,
> Und wiegen und tanzen und singen dich ein.«

Gewiß kennen die Töchter des Königs die Kunst der mütterlichen
Verführung, doch es sind nicht sie, sondern der bedrohliche Wille des
Vaters, der Gewalt verspricht:

40

> »Ich liebe dich, mich reizt deine schöne Gestalt;
> Und bist du nicht willig, so brauch' ich Gewalt!«

Es ist die gleiche Form von Verführung, die Jupiter mit seinen falschen Federn anwendet, um den schönsten Jüngling der antiken Welt an seine Seite zu ziehen. Nicht nur in der Erzählung des Mythos siegt zwischen zwei Vätern, dem wirklichen, irdischen und dem andern, dem unsichtbaren, symbolischen, immer der, der entfernter ist, der stärkere, der erträumte: der Herr eines Olymps, in den man aufgenommen wird, oder der König von Alpträumen, in denen man zugrunde geht. Der Kampf erfolgt immer in einer extremen Zeit, in einem an der Grenze der Existenz liegenden Raum: »Wer reitet so spät durch Nacht und Wind?«

Zu spät für den Vater, der die düsteren Bedrohungen der Imagination nicht erkennt, zu spät für den Sohn, der bereits ganz vom Schatten eingehüllt ist, den der Vater nicht mehr zu vertreiben vermag:

> »Mein Vater, mein Vater, jetzt faßt er mich an!«

Wenn der Todeswunsch dem Ruf des Erlkönigs, der den Knaben schließlich entführt, nachgibt, dann unterliegt der Wunsch nach Leben, das heißt nach Liebe und Macht, dem erotischen Trieb, in der sicheren Hoffnung nach Aufstieg. Ganymed fürchtet den Nebel nicht, er hält ihn für ein notwendiges, vermittelndes Element, um die Höhe zu erreichen.

> Hinauf, hinauf strebt's.
> Es schweben die Wolken
> Abwärts die Wolken
> Neigen sich der sehnenden Liebe.
> Mir! mir!
> In euerm Schoße
> Aufwärts! [46]

In der ersten Fassung der Hymne hieß es nicht in »euerm Schoße«, in dem der Wolken, sondern in »deinem«, dem Schoß des verborgenen Vaters, der von ihrem himmlischen Dunst verschleiert ist. [47]

Die Wolken, bei Goethe sowohl Metapher atmosphärischer Störungen als auch metaphysischer Höhe, verschleiern die Distanz, die nun die Erde von der Leere des Himmels trennt. Der Himmel ist Ort des Wunsches desjenigen, der sich der Schwerkraft entziehen will. Er leidet nicht an den Schmerzen der nachwachsenden Federn wie im platonischen Mythos, sondern er findet schon starke Flügel vor, die ihn in die Höhe heben und ihn vor den Gefahren des Falls, der Auflösung, es sei denn in einer ihm legitimen Größe, schützen.

Auch Ganymed wird so ein Bild des Genies, der Kraft des Geistes; er braucht den Göttervater nicht herauszufordern, weil er schon von ihm auserwählt ist: Figur liebevollen Gehorsams, hingegeben dem unsichtbaren Vater, der die absolute Macht im Himmel wie auf Erden repräsentiert. Sollte sich Goethe, der Vergil-Leser, an das 5. Buch der Aeneis erinnert haben, worin dem Sieger im Ruderwettbewerb die purpurdurchwobene Clamys mit der Figur des Jünglings Ganymed verliehen wurde? Es waren die Spiele zu Ehren des verstorbenen Anchises, eines nun unsichtbaren Vaters, die der fromme Sohn zelebrierte. Mit der Freude der Athleten, am Wettkampf auf der Erde und auf dem Wasser, verbindet sich das Bewußtsein von einer Religiosität, die aus der Spannung zwischen Begeisterung und Ehrgeiz der Jugend, die um einen Preis wetteifert, entsteht.

Die Invokation der Hymne, christlich geprägt und von fast pietistischer Inbrunst, ist nicht die Erwiderung auf eine verwirrende Versuchung, sondern der Wunsch nach einem anderen Vater als dem wirklichen, irdischen, von dem Homer erzählt, daß er als Entschädigung für den geraubten Sohn unsterbliche Pferde erhält.

> Aufwärts an deinen Busen
> Alliebender Vater![48]

»Denn dein ist das Reich und die Kraft und die Herrlichkeit in Ewigkeit«, hatte Martin Luther seiner Übersetzung des *Pater noster* hinzugefügt und in den Lukas-Text die Dankesverse des Königs David (1. Chronik 29) übernommen. Der alliebende Vater ist ein anderer Vater als der Entführer Zeus. In seinem großen Reich des »Selbst« schwinden die Ängste und Schwächen des Ichs. Die Sehnsucht wendet sich dem mythischen Vater zu, der noch in den Wolken verborgen ist, die im Mythos die Flügel des Adlers ersetzen. Die Wolken verhüllen, in Entsprechung von Silben und Bildern. »Umfangend umfangen!«[49] heben sie empor, erwählen sie.

Die Philologen verweisen wiederholt darauf, daß Goethes Auslegung des Ganymed-Mythos eine recht freie Erfindung sei. Manche glauben an eine verführerische Assoziation und warnen davor, die mythologische Figur für die Stimme des Gedichtes zu halten; andere möchten in den Versen die Worte Pandoras[50] aus dem zweiten Akt des dramatischen Fragments *Prometheus* wiedererkennen:

Dies Herze sehnt sich oft,
Ach! nirgend hin und überall doch hin!

Sollte Pandora, die Lieblingstochter des zornigen Herausforderers der
Götter, wirklich ihren »alliebenden Vater« und »Schöpfer« »aufwärts«
im »Schoß der Wolken« umarmen, also in die Höhe streben, wenn er,
dem Himmel trotzend, die Erde wählt, »den Kreis, den meine Wirk-
samkeit erfüllt?«.

Sie wollen dir Olympus' Spitze räumen
Dort sollst du wohnen

hatten ihm Merkur und Bruder Epimetheus verkündet; Prometheus
verschmäht jedoch den Ort und seine erdabgewandte Ferne: für Ganymed kann sie zum »Vaterland« werden.

Der Tradition des Altertums verhaftet, die dem Ganymed-Mythos
und der Ikonologie vom frühen Tod – dem Übergang von der irdischen
zur himmlischen Welt – das Symbol der männlichen Liebe, *eros paidi-
kos*, und des homoerotischen Begehrens, überlassen hat, vernachlässigt
die Literaturkritik die Arbeit am Mythos und an der Geschichte, die
je nach Zeit aus der Polysemie der Symbole die Bedeutung wählt, die
sie in strenger Exemplarität auszudrücken vermag. Das Potential des
Mythos wird durch die Lesart des Dichters erneuert, der seine Struk-
tur wiederaufnimmt, sie als ambivalent versteht, die Perspektive verändert und in eine neue ästhetische Formel umwandelt. Der Jüngling
in Goethes Hymne ist nicht mehr passives Objekt eines gewalttätigen
Akts, der von oben kommt, sondern Objekt väterlicher Liebe und zugleich Subjekt, Symbol des Wunsches, gen Himmel zu streben, in den
von der Schwerkraft der Erde losgelösten Raum aufzusteigen. Es ist
der – sterbliche – Sohn, der weiß, daß er vom Vater gerufen wird, um
seine metaphysische Heimat kennenzulernen: ein zur Unsterblichkeit
Auserwählter.

Nun muß ich aber auch von einem wunderbaren problematischen Bilde sprechen, das sich auf jene trefflichen Dinge noch immer gut sehen läßt.

Schon vor mehrern Jahren hielt sich hier ein Franzos auf, als Liebhaber der
Kunst und Sammler bekannt. Er kommt zum Besitz eines antiken Gemäldes
auf Kalk, niemand weiß woher; er läßt das Bild durch Mengs restaurieren und
hat es als ein geschätztes Werk in seiner Sammlung[51],

vermerkt Goethe während seiner *Italienischen Reise*, wenige Tage nach seiner Ankunft in Rom, am 18. November 1786 *(Abb. 15)*.

Winckelmann spricht irgendwo mit Enthusiasmus davon. Es stellt den Ganymed vor, der dem Jupiter eine Schale Wein reicht und dagegen einen Kuß empfängt. Der Franzose stirbt und hinterläßt das Bild seiner Wirtin als antik. Mengs stirbt und sagt auf seinem Todbette, es sei nicht antik, er habe es gemalt. Und nun streitet alles gegeneinander. Der eine behauptet, es sei von Mengs zum Scherz nur so leicht hingemacht, der andere Teil sagt, Mengs habe nie so etwas machen können, ja es sei beinahe für Raffael zu schön. Ich habe es gestern gesehn und muß sagen, daß ich auch nichts Schöneres kenne als die Figur Ganymeds, Kopf und Rücken, das andere ist viel restauriert.

Zweifel bezüglich der geschichtlichen Authentizität des Bildes[52] stören Goethe nicht, der mit dem Urteil Winckelmanns[53] übereinstimmt, der in seiner *Geschichte der Kunst des Altertums* schrieb:

Im September 1760 kam ein Gemälde zum Vorschein, desgleichen niemals noch bisher gesehen worden, und welches die herkulanischen Gemälde, die damals bekannt waren, sogar verdunkelt. Es ist ein sitzender Jupiter, mit Lorbeer gekrönt (zu Elis hatte er einen Kranz von Blumen), im Begriffe, den Ganymedes zu küssen, welcher ihm mit der rechten Hand eine Schale, mit erhobener Arbeit geziert, vorhält, und in der linken ein Gefäß, woraus er den Göttern Ambrosia reichte. Das Gemälde ist acht Palme hoch und sechs breit, und beide Figuren sind in Lebensgröße, Ganymedes in der Größe eines sechzehnjährigen Alters. Dieser ist ganz nackend, und Jupiter bis auf den Unterleib, welcher mit einem weißen Gewande bedeckt ist; die Füße hält derselbe auf einem Fußschemel. Der Liebling des Jupiters ist ohne Zweifel eine der allerschönsten Figuren, die aus dem Altertume übrig sind, und mit dem Gesichte desselben finde ich nichts zu vergleichen; es blüht so viel Wollust auf demselben, daß dessen ganzes Leben nichts als ein Kuß zu sein scheint.[54]

Winckelmann erzählt ohne den geringsten Verdacht auf Betrug, wer das wunderbare Bild aufgefunden hatte:

Dieses Gemälde entdeckte ein Fremder, welcher sich etwa vier Jahre vorher wohnhaft zu Rom niedergelassen hatte, der Ritter Diel von Marsilly aus der Normandie, ehemals Leutnant der Gardegrenadiere des Königs in Frankreich.

Dies scheint eine Wahlverwandtschaft zumindest hinsichtlich der körperlichen Schönheit zwischen dem dargestellten Subjekt und seinen Bewunderern zu belegen. Eine italienisch anmutende Geschichte, die über die mondäne Naivität des Präfekten der römischen Altertümer[55] hinwegtröstet, der einige Jahre später in seinem *Versuch einer Allegorie*, 1766, auf das Bild von Jupiter und Ganymed zurückkam, um die Hy-

15 Anton Raphael Mengs, *Zeus und Ganymed*. 1758/59. Galleria Nazionale
di Arte antica, Palazzo Corsini, Rom

16 Wilhelm Böttner,
Zeus küßt Ganymed.
1780. Sammlung
Löwenfeld

pothese zu bestätigen, nach der in der Antike für die Farbe der männlichen Haut – im Gegensatz zu der hellen, weiblichen – ein dunkler, der Sonnenbräune ähnlicher Ton – wie in den Porträts von Alexander dem Mazedonier – für die ölglänzenden Körper der Kämpfer verwendet wurde.

Wir haben auf einem alten Gemählde, welches von vielen vor alt gehalten wird, einen Jupiter, der den Ganymedes küssen will, und in der Geschichte der Kunst angezeigt worden. Dieser Jupiter hat eine völlig braune Farbe so wohl im Gesichte als so weit er nackend ist, welches gegen das blühende Fleisch des Ganymedes neben demselben, einen harten und widrigen Gegenstand verursachet, und ohne obige Nachricht, welche bisher von niemanden eigentlich verstanden ist, nicht zu reimen scheinet. Diese wenig liebliche Fleischfarbe muß ihren grund haben, welcher jedoch schwerlich ohne allegorische Deutung zu finden ist; es scheinet aber nicht gänzlich vom Zwecke entfernt, wenn wir den Jupiter als die Luft betrachten, die in dessen Bild angedeutet wurde, welche, wenn sie von Blitzen schwanger ist, sich in dunkelen Dünsten verhüllet zeigt, deren Bild gedachte Farbe des Jupiters zu sehn scheinet.[56]

Dunkle Hautfarbe also nur wegen seiner Funktion als »Wolken-sammler«? Oder war nicht vielmehr jener braune Hautton, neben dem milchweißen Körper von Ganymed, sichtbare Konnotation des feinen »Unterschieds« zwischen den Gestalten, malerische Arglist des Künstlers, der ein Kenner von Theorien war und mit dem Winckelmann in den Jahren der römischen Freundschaft sicherlich über seine allegorischen Überlegungen gesprochen hatte? Mengs arbeitete zu der Zeit an seinen *Riflessioni sopra i tre grandi pittori Raffaello, Correggio e il Tiziano e sopra gli antichi* und den »Regole per i maestri«.

Das fünfte Kapitel der *Riflessioni* umfaßte einen Paragraphen, der »Del colorito degli antichi« gewidmet war. Die zweideutige und geschickt ausgeführte Andersartigkeit der Hautfarbe Jupiters und seines Lieblings konnte nur diejenigen zu allegorischen Überlegungen veranlassen, die sich beim Betrachten nicht der Tradition der Renaissance besannen, die, insbesondere bei mythologischen und sakralen Figuren, den Unterschied zwischen brauner, dunklerer Haut für männliche Gestalten und einem hellen, weißen, perlmuttfarbenen Hautton für weibliche Darstellungen erforderte. »Selbst Homer hat uns keine subtilere Beschreibung des Göttervaters und der Menschen hinterlassen als der Pinselstrich von Mengs in diesem Bild«, kommentierte der Biograph des verehrten Malers, José Nicolás d'Azara.[57]

Der Streich, den Anton Raphael Mengs dem Freund gespielt hatte, um sein Urteilsvermögen zu täuschen, hat in der Kunstgeschichte lange für Verlegenheit gesorgt. Vielleicht gefiel es auch Goethe sehr, der noch kein geübter Kenner der antiken Malerei war: wegen der neuen Dimensionen und des Gegenstandes und wegen der klassizistischen Ambiguität, die dennoch in deutsche Invention umgesetzt worden war; er kannte es, noch bevor er es gesehen hatte, aus den Beschreibungen von Winckelmann. Der künstlerische Einfall mußte Einfluß auf Goethe ausgeübt haben, wenn er in seiner Schrift über Winckelmann auch *Jupiter und Ganymed*, ein Gemälde von Wilhelm Böttner (*Abb. 16*), das zwanzig Jahre nach dem von Mengs entstanden war, lobte. Böttner, der in der Gunst des Landgrafen von Hessen stand und in Rom Raffael kopierte, malte Szenen einer häuslichen Mythologie und hatte mit dem Bild *Aeneas' Abschied vom Vater* den ersten Preis der Akademie von Parma gewonnen.

Einige Jahre später konnte man in Weimar einen *Ganymed* sogar auf

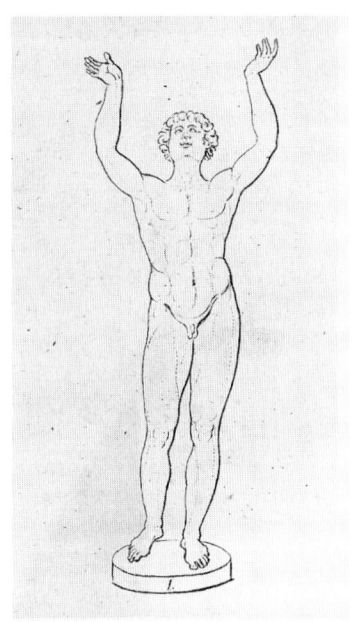

17   Ganymed, *Aus dem Verzeichnis der Toreutica-Waare der Klauerschen Kunst-Fabrick zu Weimar (Nr. 1)*. Weimar 1792, im Verlag des Industrie-Comptoirs

18   Betender Knabe, *Bronzestatue*. Ende des 4. Jhs. v. Chr. Rhodos. 1747 für Sanssouci erworben

Wunsch bestellen. Die Reproduktion *(Abb. 17)*, 4 Fuß, 3 Zoll hoch, kostete 10 Louisdor und wurde vom Landes-Industrie-Comptoir des tüchtigen Geschäftsmannes Friedrich Justin Bertuch hergestellt und vertrieben.

Ganymed. Antik war Nummer 1 in der Liste der *Toreutica Waare*, die auch die *Mediceische Venus, Castor und Pollux*, den Kopf des *Achill* und neuere Reproduktionen wie *Merkur* oder *Genius des Todes* von Martin Gottlieb Klauer den kunstliebenden Kunden anbot: eine anmutige Jünglingsfigur mit erhobenen Armen, jedoch ohne Adler-Begleitung. Das Original aus dem 4. Jahrhundert v. Chr., eine der seltenen erhaltenen Bronzestatuen, stand bis zum Tode Friedrichs II. auf der Terrasse von Schloß Sanssouci und war von der Bibliothek aus ein Blickpunkt.

Für die Bewohner von Potsdam und seiner Hierarchie wie für die Liebhaber der Antike, die mit seinem Bild Gärten und Säle schmückten, war es Ganymed; für die moderne Archäologie nur ein *Betender Knabe*, Votivstatue aus dem Helios-Heiligtum von Rhodos *(Abb. 18)*.[58]

Anmerkungen

1 Jean Paul, *Biographische Belustigungen unter der Gehirnschale einer Riesin*: 1. *Die bleierne Jungfer Europa – das Schlachtfeld – die Melancholie – der Frühling*; 2. *Die Jungfer Europa – Baurede*, in *Sämtliche Werke*, historisch-kritische Ausgabe, Bd. V, hrsg. von Eduard Berend, Weimar 1930, S. 253-280.

2 *Ibid.*, S. 275

3 Zur Geschichte und Ikonographie des Kasseler Parks und zum Bau der Statue in losgelösten Teilen siehe Adrian von Buttlar, *Vom Carlsberg zur Wilhelmshöhe. Kunstgeschichtliche Anmerkungen zur Entwicklung des Kasseler Bergparks*, in *Der Schloßpark Wilhelmshöhe in Ansichten der Romantik*, Ausstellungskatalog, Kassel 1993, und *Hercules. Tugendheld und Herrscherideal – Das Herkules-Monument in Kassel-Wilhelmshöhe*, Staatliche Museen Kassel, Ausstellungskatalog, Euraburg 1997.

4 Vgl. Peter Gercke, *Herakles Farnese in Kassel*, in »Kunst in Hessen und am Mittelrhein«, XXII, 1982, S. 29-35, und Ralph Krey/Stephan Oettermann, *Herakles/Herkules. Metamorphosen des Heros in ihrer medialen Vielfalt*, Basel – Frankfurt a. M. 1994.

5 Der Kasseler Herkules ist die erste einer Reihe riesiger Metallskulpturen, die betreten werden konnten. Zwischen 1838 und 1875 wurden das Hermannsdenkmal im Teutoburger Wald, die »Bavaria« in München und 1883 das »Germania«-Monument in Niederwald errichtet.

6 Jean Paul, *Biographische Belustigungen unter der Gehirnschale einer Riesin*, a.a.O., S. 261.

7 *Ibid.*, S. 278.

8 *Ibid.*, S. 278 ff.

9 Zum mythologischen Thema in der Moderne vgl. *Mythos Europa – Europa und der Stier*, hrsg. von S. Salzmann, Ausstellungskatalog, Bremen – Bonn 1988. Einige Hinweise in Denys Hay, *Europe – The Emergence of an Idea*, Edinburgh 1957.

10 Jean Paul, *Biographische Belustigungen unter der Gehirnschale einer Riesin*, a.a.O., S. 279 ff.

11 Giacomo Leopardi, *Paralipomeni della batracomiomachia*, canto primo, 1830-31, in Id., *Opere*, hrsg. von Giuseppe de Robertis, Mailand – Rom 1937, S. 736-737; dt. Ausgabe: *Der Froschmäusekrieg und seine Folgen: Der Krieg der Krebs und Mäuse*, übersetzt v. Helmut Endrulat u. Gero Alfred Schwalb, hrsg. von Helmut Endrulat, Berlin 1992, S. 69.

12 *Ibid.*

13 Denis Diderot, *Salon de 1763*, in *Diderot et l'art de Boucher è David. Les Salons 1759-1781*, Paris 1984, S. 124-126.

14 Vgl. Ernst Behler, *Europa. Die Geschichte einer Zeitschrift*, in *Europa. Eine Zeitschrift*, hrsg. von Friedrich Schlegel, 1803, Reprint Darmstadt 1973, S. 5-63.

15 Siehe Sabine Poeschel, *Studien zur Ikonographie der Erdteile in der Kunst des 16.-17. Jahrhunderts*, Münster 1984.

16 Novalis, *Christenheit oder Europa*, in *Schriften*, Bd. III, hrsg. von Richard Samuel, Darmstadt 1968, S. 519.

17 *Ibid.*

18 Vgl. die Briefe von Friedrich und Dorothea Schlegel der Pariser Jahre (1802-1804), *Briefe von und an Friedrich und Dorothea Schlegel*, hrsg. von Josef Körner, Berlin 1926.

19 Germaine de Staël, *De l'Allemagne*, 2 Bde., Paris 1968, Bd. I, S. 134 (erster Teil, Kap. Berlin), dt. Ausgabe *Über Deutschland*, hrsg. von Monika Bosse, Frankfurt a. M. 1985, S. 108.

20 *Ibid.*, S. 107.

21 Siehe den Ausstellungskatalog *Preußen. Versuch einer Bilanz*, Berlin 1981 (insbesondere den ersten Band); sowie den Katalog *Berlin zwischen 1789 und 1848. Facetten einer Epoche*, Berlin 1981.

22 Madame de Staël, *Über Deutschland*, a.a.O., S. 111-112.

24 Zur Atmosphäre der Berliner Salons nach der Revolution vgl. Hannah Arendt, *Rahel Varnhagen. Lebensgeschichte einer deutschen Jüdin aus der Romantik*, München 1959.

25 Madame de Staël, *Über Deutschland*, a.a.O., S. 97-98.

26 *Ibid.*, S. 98 f.

27 Vgl. *Goethe-Handbuch. Goethe, seine Welt und Zeit in Werk und Wirkung*, hrsg. von Alfred Zastrau, Bd. I, Stuttgart 1961, S. 2235 ff. – Vgl. auch Albert Fuchs, *Goethe und Europa*, Wiesbaden 1956.

28 Johann Wolfgang Goethe, *Von der Natur zur Kunst* (in *Paralipomena*), in *Goethes Werke*, Weimarer Ausgabe, Bd. XLVII, Weimar 1896, S. 292.

29 Madame de Staël, *Über Deutschland*, a.a.O., S. 99.

30 Johann Wolfgang Goethe, *Prometheus, Ganymed*, in *Gedichte* (Ausgabe letzter Hand, 1827), in J. W. Goethe, Berliner Ausgabe, *Poetische Werke*, hrsg. von Siegfried Seidel, Berlin, Aufbau, 1960 ff., Bd. 1, S. 327-329. – Der Text von Goethes Hymne *Prometheus* wurde von Johann Friedrich Reichardt 1809, von Franz Schubert 1819 und von Hugo Wolf 1889, die Hymne *Ganymed* von Franz Schubert (op. 19, Nr. 3) 1817 und von Hugo Wolf 1889 vertont.

31 Hans Blumenberg, *Arbeit am Mythos*, Frankfurt a. M. 1979, S. 438.

32 In seiner Untersuchung *Goethe. Eine psychoanalytische Studie – 1775-1786*, hrsg. von R. Scholz, Basel – Frankfurt a. M. 1982, I, S. 468, deutet Kurt Robert Eissler den aggressiven Geist der Verse als homosexuellen Wunsch, der vom dominanten Vater gebremst wird. Eine Argumentation, die in der Analyse der Gedichte von 1781/82 wiederkehrt.

33 Johann Wolfgang Goethe, *Prometheus*, in *Goethes Werke*, Hamburger Ausgabe, hrsg. von Erich Trunz, Bd. 1, München 1982, S. 44-46.

34 Franz Kafka, *Prometheus*, in *Sämtliche Erzählungen*, hrsg. von Paul Raabe, Frankfurt a. M. 1970, S. 306.

35 »Mein Prometheus-Problem – Goethes Prometheus«, notierte Joseph Goebbels im Sommer 1920 in Heidelberg in seinem Tagebuch und später, im Januar 1923: »Politische Lage – Konjunktur – sichtbare Blüte. Das Prometheus-Problem«. In Joseph Goebbels, *Erinnerungsblätter von 1887 bis Oktober 1923, Sämtliche Fragmente*, hrsg. von Elke Fröhlich. München – New York – London – Paris 1987, S. 18 und 25.

36 Einige Beispiele für die Plastik der »ewigen Formen«, Vorbild für erotische und muskulöse Schönheit der Götter im »Dritten Reich« finden sich bei Klaus Wolbert, *Die figurative NS-Plastik*, in *Faszination und Gewalt. Zur politischen Ästhetik des Nationalsozialismus*, hrsg. von Bernd Ogan und Wolfgang Weiss, Nürnberg 1992, S. 218-219.

37 Vgl. *Verfahren Prometheus*, Ausstellungskatalog, Literaturgalerie Halle 1992.

38 Ovid, *Metamorphosen*, lat.-dt., in der Übersetzung von Erich Rösch, hrsg. von Niklas Holzberg, Zürich 1996.

39 Hellmut Sichtermann sammelt in seinem Buch *Ganymed. Mythos und Gestalt in der antiken Kunst* (Berlin 1948) die ikonologischen Modelle des Mythos und deutet die Varianten. Siehe auch Pierre Bruneau, *Ganymède et l'aigle. Images, caricatures et parodies animales du rapt*, in »Bulletin de Correspondance Hellénique«, LXXXVI, 1962, Bd. I, S. 193-228; und Gerda Kempter, *Ganymed. Studien zur Typologie, Ikonographie und Ikonologie*, Köln 1980.

40 Goethe, *Ganymed*, in *Goethes Werke*, Hamburger Ausgabe, a.a.O., Bd. I, S. 46.

41 *Ibid.*

42 Johann Wolfgang von Goethe, *Erlkönig*, in *Goethes Werke*, Hamburger Ausgabe, a.a.O., Bd. I, S. 154-155. Die Ballade *Erlkönig* diente Komponisten wie Ludwig van Beethoven und Louis Spohr als Inspirationsquelle. Sie wurde

51

in vier Fassungen von Carl Löwe 1818 (op. 1, Nr. 3) und von Franz Schubert 1815 (op. 1) vertont. Zahlreiche figurative Auseinandersetzungen mit der Ballade scheinen die Hypothese vom unterschiedlichen Einfluß literarischer Motive in Musik und bildender Kunst zu bestätigen. Um 1825 entwarf Carl Gustav Carus, freundschaftlich mit Goethe verbunden, ein vom *Erlkönig* inspiriertes Bild. Das Gemälde wurde zerstört. Auf Initiative des Verlegers Paul Cassirer hin fertigte Max Liebermann 1924 einige Illustrationen zu Goethe-Gedichten an. Ein wenig bekannter Aspekt ist die politische Konnotation im Zeichen der Feindschaft Preußen–Frankreich: Napoleon III. als Erlkönig (1870/71) auf einer Art Flugblatt abgedruckt (Ed. Friedrich Schneider, Zeichng. Fritz Staub, Druck Wolf und Sohn). In seiner Brecht-Inszenierung *Der aufhaltsame Aufstieg des Arturo Ui* (Berliner Ensemble 1996) ließ Heiner Müller im ersten Aufzug die Figur Hindenburgs mit Pferdekopf auftreten. Die musikalische Begleitung war Beethovens *Erlkönig*-Ballade.

43 Vgl. Brigitte Buberl, *Erlkönig und Alpenbraut. Dichtung, Märchen und Sage in Bildern der Schack-Galerie*. Bayerische Staatsgemäldesammlungen, München 1989, S. 3-40.

44 Am Anfang des Singspiels *Die Fischerin*. Giosué Carducci übersetzte die Ballade aus *Stimmen der Völker* von Herder in seinen *Rime Nuove*. Giosué Carducci, *La figlia del re degli Elfi*, in *Rime Nuove*, in *Poesie*, Bologna, Zanichelli, 1850-1900.

45 James Hillmann, *Senex and Puer, an Aspect of the Historical and Psychological Present*, in »Eranos-Jahrbücher«, 1967. Die Polarität des Archetyps offenbart in der Ballade die Spaltung zwischen Angst und Begehren, Leben und Tod. Die Hypothese von der verdrängten Homosexualität in der deutschen Kultur wird mit überzeugender Kohärenz von Nicolaus Sombart verfolgt: *Die deutschen Männer und ihre Feinde. Carl Schmitt: Ein deutsches Schicksal zwischen Männerbund und Matriarchatsmythos*, München 1991.

46 Goethe, *Ganymed*, in *Goethes Werke*, Hamburger Ausgabe, a.a.O., Bd. I, S. 46 ff. Der Journalist und Schriftsteller Hugo Pruys versucht hartnäckig, in der Goethe-Biographie *Die Liebkosungen des Tigers. Eine erotische Goethe-Biographie*, Frankfurt a. M. 1997, sämtliche homosexuellen Konnotationen zu finden.

47 »Ganymed ist ein Werther, der noch nicht die Schmach der Auflösung und des Todes kennengelernt hat«, hatte der junge Lenz festgestellt. Giuliano Baioni befreit in seinem Buch *Il giovane Goethe*, Turin 1996, die *Ganymed*-Hymne von der einseitigen Spinoza-Lesart, um die Deutung auf die erotische Zeit des *Werthers* zurückzuführen.

48 Goethe, *Ganymed*, in *Goethes Werke*, Hamburger Ausgabe, a.a.O., Bd. I, S. 46 ff.

49 *Ibid.*

50 Vgl. Wolfdietrich Rasch, *Ganymed. Über das mythische Symbol in der Dichtung der Goethezeit*, in »Wirkendes Wort. Deutsches Sprachschaffen in Lehre und Leben«, IV, 1953/54, S. 34-44. Dominique Fernandez interpretiert in dem Buch *Le Rapt de Ganimede*, Paris 1989, die Bedeutung des Mythos als Sym-

bol für Homosexualität und ersetzt es durch das von Apollon und Hyakinthos, Apollon und Kyparissos und die Geschichte des heiligen Sebastians, ohne seine Rezeption in Mittelalter und Klassik zu analysieren. Vgl. Dora und Erwin Panofsky, *Die Büchse der Pandora. Bedeutungswandel eines mythischen Symbols*, Frankfurt a. M. 1992, S. 133-146.

51 Johann Wolfgang von Goethe, *Italienische Reise*, in *Goethes Werke*, Hamburger Ausgabe, a.a.O., Bd. XI, S. 138 ff.

52 An zwölf Stellen spricht Winckelmann über das Gemälde von Jupiter und Ganymed (vgl. Johann Joachim Winckelmann, *Unbekannte Schriften. Antiquarische Relationen und Beschreibungen der Villa Albani*, hrsg. von S. von Moisy, H. Sichtermann und L. Tavernier, in Bayerische Akademie der Wissenschaften, philosophisch-historische Klasse, »Abhandlungen«, N.F., 95, München 1987, S. 35); in einem Brief an Graf Wackerbarth-Salmour vom 15. 11. 1760 schrieb er:»Ganimede sta in piedj ed è tutto ignudo e voltato di fianco mostra la schiena, i capellj sono cintj di un diadema bianco. Non prèsumo di voler descrivere la bellezza di questa figura di un giovanetto di Sedici annj, ma di alta e compita statura, di vita sciolta et di membra agili, vi vorrebbe il sublimé Penello' e la Magia del colorito del Raffaele di Tempi nostrj, del Pittor di bellezza del nostro Mengs, il quale è uno delle quattro persone che sono a parte di questo Segreto. La testa di Ganimede mi restera fissa nella mente, s'io avessj a campare gli anni Nestorej.«

53 Siehe insbesondere Steffi Röttgen, *Winkelmann e Mengs*, in *Johann Joachim Winckelmann tra letteratura e archeologia*, hrsg. von Maria Fancelli, Venedig 1993, S. 145-163; *Storia di un falso: il Ganimede di Mengs*, in »Arte illustrata«, Nr. 54, 1973, S. 256-270, und außerdem den Artikel zum Bild im Katalog der Ausstellung *Goethe und die Kunst*, Frankfurt a. M. 1994, S. 28-29.

54 »Er ließ dasselbe von dem Orte, wo es stand, heimlich von der Mauer abnehmen, und da das Geheimnis dieser Entdeckung nicht erlaubte, die Mauer zu sägen und mit derselben das Gemälde ganz zu erhalten, so nahm er die oberste Bekleidung der Mauer stückweise ab und brachte auf diese Art diesen seltenen Schatz in vielen Stücken nach Rom. Er bediente sich, aus Furcht verraten zu werden, und alle Ansprüche zu vermeiden, eines Maurers, welcher in seinem Haus arbeitete, von welchem er eine Lage von Gips in der Größe des Gemäldes machen ließ, und auf diesem Grund fügte er selbst die Stücke aneinander.« Johann Joachim Winckelmann, *Geschichte der Kunst des Altertums*, Kap. IV, *Die Griechen*, Darmstadt 1972, S. 262 ff.

55 Siehe Manfred Fuhrmann, *Winckelmann, ein deutsches Symbol*, in *Brechungen. Wirkungsgeschichtliche Studien zur antik-europäischen Bildungstradition*, Stuttgart 1982, S. 150-170; Wolfgang Leppmann, *Winckelmann. Ein Leben für Apoll*, Berlin 1996.

56 Johann Joachim Winckelmann, *Versuch einer Allegorie besonders für die Kunst*, hrsg. von Albert Dressel, Leipzig 1866, S. 97. Vgl. P. Reuterswärd, *Studien zur Polychromie der Plastik. Griechenland und Rom*, Stockholm 1960.

57 Id., *Lettere italiane*, hrsg. von Giorgio Zampa, Mailand 1961, S. 168.

Nicolas d'Azara berichtet von der Korrektur Mengs': »Ich weiß, daß Mengs im Innern des Putzes des Bildes ein Zeichen hinterlassen hat, um zu beweisen, daß das Bild von seiner Hand sei. Doch vor seinem Tode kamen ihm Bedenken, daß er diesen Antiquitätsübergriff durchgeführt hatte, und um für Abhilfe zu sorgen, legte er seiner Schwester, der Signora Teresa, Gattin des Herrn Maron, insbrünstig ans Herz, zu erklären, daß er der Autor dieses Bildes sei.«

58 Die modern ergänzten Arme dürften die ursprüngliche Geste der Sonnenanbetung wiedergeben. Der *Ganymed*, von Rhodos nach Venedig und später in europäische Sammlungen gelangt, wurde 1747 von Friedrich II. für Sanssouci erworben. Er befindet sich heute im Pergamon-Museum zu Berlin.

Auf den Flügeln des Genius

Da sah im traum ich einen adler schweben
Am himmel hin mit goldenem gefieder
Die schwingen weit als flög er abwärts eben.

Mir schien er sähe auf die lande nieder
Wo einst die seinen liess der schöne Schenke
Geraubt zum dienst der höchsten rates-glieder.

Ich fragte mich ob dieser vogel schwenke
Nur hier nach seinem brauch und andre stelle
Verschmähe wo er seine krallen senke.

Dann schien mir dass er kurz im kreise schnelle
Und schrecklich wie ein blitz die lüfte spleisse
Und aufwärts mich entführe in die helle ·

Dass er und ich in Einem brande gleisse ..
Und also sengte eingebildet feuer
Dass es bewirkte dass der schlaf zerreisse.

(Stefan George, »Morgentraum«,
Übersetzung aus Dante, *Fegefeuer*, IX, 19-33)

Wären Jupiter und Ganymed auf Holz gemalt gewesen, hätte Goethe
das Bild, so schrieb er an Charlotte von Stein, vielleicht erworben. Er
gab sich dann einige Jahre später mit dem Kauf eines anderen, bereits vom Adler in die Höhe erhobenen Ganymeds *(Abb. 19)* für die
Weimarer Sammlungen zufrieden, der von Asmus Jakob Carstens[1]
stammte. Sein Karton, Vorlage für ein im römischen Atelier des Pompeo Batoni gemaltes Bild, das verlorengegangen ist[2], verändert mit
seinem romantischen Symbolismus das Gedächtnis der Antike: die
großen Flügel des Vogels scheinen bereits zum Körper des Jünglings
zu gehören und sind nicht, wie in den Renaissance-Erzählungen von
Jupiters Liebschaften, Attribute des Konkreten, Instrument zur Darstellung des realen Fluges eines Raubvogels mit seiner Beute. Auch ersetzen sie nicht den Karren des Propheten Elias in seinem Aufstieg,
sondern ähneln eher den Papierdrachen, die vom Wind getrieben

19 Asmus Jakob Carstens, *Ganymed, vom Adler getragen.* 1793.
Kunstsammlungen zu Weimar

werden, allerdings ohne die bunten Bänder, die wie Siegesfahnen der
Auserwähltheit flattern, exhibitionistischer Abschied von den irdischen Sorgen und Vorzeichen himmlischer Ehren, wie sie von Correggio oder Sebastiano del Piombo gemalt wurden. Ihre gefiederten
Schatten verfügen über keine Erinnerung an den rhetorischen Vorhang mit goldener Troddel, der vom Schnabel eines Adlers aufgehal-
ten wird, Requisit gewaltsamer tierischer Verführung, wie in dem Bild
von Rembrandt in der Dresdner Gemäldegalerie *(Abb. 20).*[3]

Jean Cocteau[4], dem dieses erotische Spiel nicht fremd war, sah in
dem Vogel, der den Rembrandtschen Ganymed (1635) raubt, einen
alten Galan mit Monokel. Goethe hingegen, der nach seiner Italien-
reise zum zweiten Mal die Dresdner Galerie zusammen mit Heinrich
Meyer besuchte, erschien der *Ganymed, von Jupiter entführt* schlicht als
»eines der besten Gemälde« von Rembrandt, wie er in einem kurzen
Kommentar zu den Meisterwerken, die er gesehen hatte, anmerkte.
War es nur der »schöne Pinsel«, der das Bild des weinerlichen Cupido,

20   Rembrandt, *Ganymed in den Fängen des Adlers.* 1635. Gemäldegalerie
Alte Meister, Dresden

21　Annibale Carracci,
Der Genius des Ruhmes.
Um 1588/89. Gemäldegalerie
Alte Meister, Dresden

22　Girolamo da Carpi, *Der Raub des Ganymed.* Um 1544. Gemäldegalerie Alte
Meister, Dresden

dem Spiel mit den Kirschen entrissen, so anziehend für ihn machte? Cupido ist in seiner kindlichen Bedrängnis schon Gefangener in den pädophilen Fängen des Adlers. Die Vorstellung, über die dunklen Wipfel der Bäume hinweg emporgehoben zu werden, blieb eine Form der Verwandlung, ein aus dem visuellen Gedächtnis und der Liebe für die alten Bilder und ihrer modernen Variationen übernommenes Symbol, aber vielleicht auch eine archetypische Konnotation des Bewußtseins, geeignet, den dämonischen Anziehungskräften nachzugeben, die es vermögen, Unruhe in Aufschwung zu verwandeln.

Der Schweizer *connaisseur* Meyer, der nur wenige Jahre später für die Gesamtausgabe der Werke von Winckelmann das Gemälde *Jupiter und Ganymed* von Mengs zeichnete und dessen Echtheit verteidigte, hatte den Auftrag erhalten, unter den großen Werken der Dresdner Galerie ein Bild zu kopieren, das sich für das »Römische Haus« des Herzogs Karl August eignete.[5]

Am 7. März 1794, einige Monate bevor Goethe ihn in Dresden traf, schrieb er:

Ihres besonderen Rats bedarf es, was zu tun ist. Der guten, zu unserm Zweck tauglichen Bilder sind auf der Galerie wenig. Ob der Genius des Caracci *[Abb. 21]*, von welchem hier eine kleine Skizze beigelegt ist, des Herzogs Wohlgefallen erreichen möchte, weiß ich noch nicht; er ist von einem rohen, unangenehmen Colorit und nach einem antiken Faun gezeichnet, dabei aber schön gedacht und gut gemacht. Eine schöne wohlerhaltene Venus von Tizian ist auch vorhanden.[6]

Meyer studierte weiterhin fleißig die Bilder der Galerie, und erst nach einigen Tagen war ihm offenbar unter den Bildern, denen er bisher nicht allzuviel Aufmerksamkeit geschenkt hatte, eines aufgefallen, von dem er seinem Auftraggeber berichtete:

Besonders ist ein Ganymed vom Parmigianino ein Bild voll Grazie und verständiger Komposition. Es ist zwar sehr dunkel und schwarz geworden, es ließe sich aber, im Fall es für unsere Absichten taugen könnte, vielleicht helfen. *(Abb. 22)*

Goethe, vor die Wahl gestellt, fand von den beiden Vorschlägen jenen der guterhaltenen Venus angenehm, denn er antwortete Meyer so:

Des rohen Colorits des Carrachischen Genius erinnere ich mich freilich, und da dieses in der Kopie nicht zu vermeiden sein möchte, so wäre freilich besser, davon zu abstrahieren, als ein den Augen unangenehmes Bild darzubringen.

23 Johann Heinrich Meyer nach
Annibale Carracci, *Der Genius des
Ruhmes im Römischen Haus*. 1794.
Goethe-Nationalmuseum,
Weimar

Sollten Sie nicht Lust haben, die Tizianische Venus zu unternehmen. Und es
müsste doch auch eine schöne Übung sein, nach Tizian ein Nackendes zu arbeiten.[7]

Sicher hätte es eine schöne Übung sein können, doch Goethe wartet
nicht auf die Antwort von Meyer und schien bereits wenige Tage später – vielleicht nach einem Meinungsaustausch mit Karl August – weit
mehr davon überzeugt, daß die Figur des *Genius* für Weimar die richtige sei:

Sagen Sie – so fragt er – wäre es nicht möglich, im Kopieren die Fleischfarbe
lieblicher und natürlicher zu machen?

Also dunkler oder heller, je nach der Gattung, der er zugeordnet
wurde? Venus verliert, es siegt die Tugend, die Ehre oder der Ruhm –
in Gestalt eines Jünglings.
    Der besorgte Meyer kopierte weiterhin Köpfe und Details von Bil-
dern Correggios und Raffaels, und am 27. Juni liegt bereits eine vollständig ausgeführte Zeichnung des *Genius (Abb. 23)* vor:

24 Johann Heinrich Meyer nach
Annibale Carracci, *Der Genius des
Ruhmes*. Herzogin Anna Amalia
Bibliothek, Weimar

»Der Genius ist nun aufgezeichnet«; erklärt der Kopist. »Da ich auch etwas
auslassen muß, so habe ich die Kinder anderst geordnet und eins, was oben im
Bilde steht, herunter gebracht, welches, wie mich dünkt, den Sinn des Bildes
nicht ändert, vielmehr auffallender macht und dasselbe obenher frei läßt. Auf
diese Weise werden wir auch die verkürzten Ungestalten los, welche, da unser
Bild nicht Platfond bleibt, gar übel stehen würden.«[8]

In dem Gemälde hat Meyer nicht bloß den oberen Teil des Bildes frei
gelassen, sondern unten, in seiner Ergebenheit Raffael gegenüber, was
für alle Anhänger des Klassizismus wie auch für die Romantiker cha-
rakteristisch war, die nunmehr die für die Dresdner Galerie erwor-
nen Werke als ihre eigenen betrachteten, den Putto von Annibale durch
den neugierigen Engel von San Sisto ersetzt. Als eine nicht fremde vi-
suelle Assoziation erscheint die Vorstellung vom Flug und der sinnlichen Erhebung im zweiten Bild, das heute nicht mehr Parmigianino,
sondern Girolamo da Carpi zugeschrieben wird. Kaum war das Bild
vollendet, wurde es nach Weimar gebracht, wo es sich heute noch befindet: und zwar ist es symbolisch an der Decke des Rokokosaales der
Bibliothek der Herzogin Anna Amalia aufgehängt. Die guterhaltene
Hautfarbe des *Genius* hat das Kolorit eines weder zu rosigen noch zu
derben Jünglings, mit einem blasseren Glanz als dem des Knaben von
Annibale Carracci *(Abb. 24)*.
    Der *Genius des Ruhmes* (1588/89), ein nicht herabgestürzter Luzifer

61

25 Taddeo Zuccari,
Allegorie der Ehre. 1535.
Goethe-Nationalmuseum,
Weimar

mit strahlender Gloriole und mehreren, über den Arm gestreiften
Kränzen, krönt die Auserwählten, die Sieger. Der *Genius* wurde erst
nach der Übernahme aus der Sammlung der Herzöge von Modena in
die von August von Sachsen, König von Polen, so benannt.

Als »L'Onore in aria giovane ignudo con un'asta in mano e varie
corone«, »nackter Jüngling mit einem Stab in der Hand und mehreren Kränzen«, beschrieb Cesare Malvasia das Werk von Carracci[9],
welches in der Kunstgeschichte als »L'Amore per la virtù« bezeichnet
wird. Zuweilen wird die Allegorie auch Winckelmann zugeschrieben[10], obwohl ihm die Bedeutung ikonographisch – »Die Ehre aber
hält in der rechten Hand das Horn des Überflusses und mit der linken
einen Speer« – zweifelhaft erschien. Eine in Braun lavierte Feder-
zeichnung von Taddeo Zuccari für die *Allegorie der Ehre* aus dem römischen Palazzo Farnese, die Winckelmanns Beschreibung entspricht,
befand sich in Goethes Besitz.[11] Der Figur des jungen Mannes feh-

len aber die Flügel und die schwebende, strahlende Kraft des Siegers *(Abb. 25)*.

Über Art und Bedeutung der Kränze äußert die Kunstkritik Vermutungen: der Lorbeer könnte auch Symbol des Wissens sein, die Pinie auf das Genie, die Krone auf eine Kontamination von Macht und Tugenden hindeuten.

In Weimar kannte man die Details der Bekränzung von Dichtern und Helden besser, denn sie gehörten zur Jugenderziehung. Das hier verfaßte und vertriebene *Bilderbuch für Kinder* des Legationsrates und Stifters des Landes-Industrie-Comptoirs Friedrich Justin Bertuch erklärt im Band IV (1802) in einer Zeichnung dreier Kränze die Beschaffenheit des Ruhmes: die Lorbeerkrone für den Triumph des siegreichen Feldherrn; die Bürgerkrone aus Eichenblättern als höchstes militärisches Ehrenzeichen; die Belagerungskrone aus Gras und Grasblumen, die gewöhnlich von den Mauern der befreiten Stadt genommen wurden, für die Befreier aus einer Belagerung.

Carraccis *Genius des Ruhmes* trägt sie alle am Arm und zeigt selbst in seinem »rohen, unangenehmen Colorit« einige Ähnlichkeit mit dem »Amore per la virtù«, wie ihn Cesare Ripa darstellt:

Ein geflügelter nackter Knabe, mit einem Lorbeerkranz auf dem Kopf und drei anderen in den Händen, denn unter den anderen Knaben, die von den Poeten unterschiedlich gemalt werden, ist der Amore per la virtù, der edelste von allen, wie die Tugend selbst die edler ist als alles andere, und man malt ihn mit dem Lorbeerkranz als Zeichen der Ehre, die der Tugend gebührt.[12]

Die Verachtung Winckelmanns für die Darstellungen Ripas: »Seine Bilder sind dergestalt erdacht und entworfen, als wenn keine alten Denkmale in der Welt wären, und man sollte glauben, er habe weder von Statuen, noch von erhobenen Werken, noch von Münzen und geschnittenen Steinen Nachricht gehabt«, drückte nicht nur sächsische Mißgunst gegenüber italienischer Frivolität aus. Dem Präfekten der römischen Altertümer dürfte die Figur der Schönheit mit dem wolkenverdeckten Gesicht, wie von barocken Choreographen ersonnen, mißfallen haben:

Frau, deren Kopf von den Wolken verdeckt ist, und der Rest ist kaum sichtbar wegen des Glanzes, der sie umgibt [...]. Man malt die Schönheit mit dem Kopf in den Wolken verdeckt, denn es gibt nichts, wovon man mit der Zunge eines Sterblichen schwerer reden könnte und was sich noch weniger mit dem menschlichen Verstand erkennen ließe, denn die Schönheit ist unter den Din-

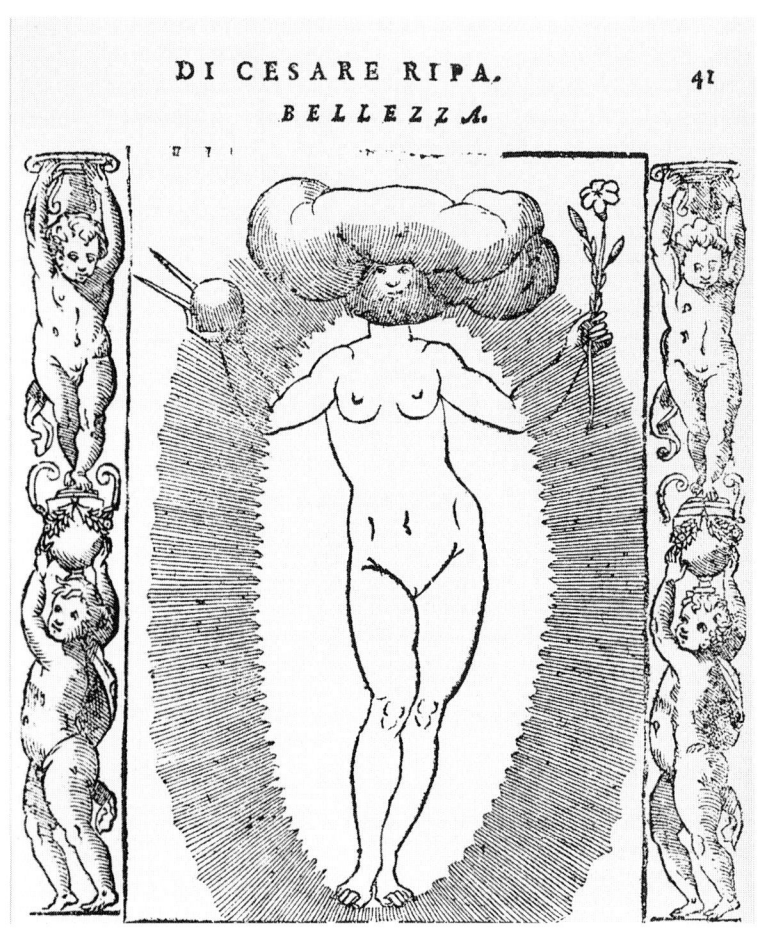

26   Cesare Ripa, *Schönheit*. Iconologia, 1603

gen der Schöpfung nichts anderes, metaphorisch gesprochen, als ein Glanz, der vom Angesicht Gottes kommt, wie es die Platoniker definieren, da der Ursprung der Schönheit mit seinem eins ist.[13] *(Abb. 26)*

Ripa widmete der weiblichen Schönheit eine weitere Beschreibung, scheint aber das griechische Schönheitsideal der Jünglinge zu ignorieren und sich – selbst bei der Beschreibung des Sternzeichens Wassermann im Zusammenhang mit den Monaten – nicht daran zu erinnern.

Für ihn ist es schlicht ein »weißgekleideter, geflügelter Knabe«, während Winckelmann bei seiner Beschreibung einer aus Sardonyx geschnittenen Gemme, aus der Sammlung des Wahlflorentiners »Baronissimo« Philipp von Stosch, die Merkmale wohl zu unterscheiden vermag:

– Acquarius – erstes Sternzeichen, in Figur von Ganymed, vom Adler entführt, der ein Gefäss trägt. Dasselbe Sujet auf einem geschnittenen Stein des Marchese Lucatelli und vom Abate Venuti erläutert.

Er muß von besonderer Anmut gewesen sein, denn die Beschreibung wird fortgesetzt:

Ich könnte diese Figur nur mit der schönsten Statue von Ganymed im Palazzo Verospi in Rom vergleichen; diese hat die Grösse des Alters der Adoleszenz, was extrem selten ist, die Füsse sind erhalten, ohne gebrochen zu sein. Im übrigen ist die vollkommenste Gestalt eines schönen, jungen Mannes und ich wage zu sagen, dass seine Schenkel und Beine die feinsten unter den schönsten Figuren der Antike sind.[14]

Was einiges bedeutet, wenn Winckelmann es sagt. Und selbst wenn Ganymed weit über die Wolken emporgehoben wird, erfreuen seine schönen Beine doch immer noch die Erde, ein notwendiges Merkmal für die Auserwählung: sie erfreuten Jupiter auf den sanften Weiden Phrygiens, wie, so erzählt die Geschichte, die langmütigen Gönner in den Lagern militärischer, sportlicher und politischer Erziehung der kommenden Jahrhunderte.

Doch die Ikonographie der geschnittenen Steine lehrt uns die weise Ambivalenz der Attribute, auch derer, die von der Treue zur Ekphrasis, der literarischen Beschreibung, angeregt wurden. Auf einer dieser nicht von Winckelmann, sondern von Maffei beschriebenen Gemmen wird Ganymed mit seinem Gefäß, aber auch mit einem Stab dargestellt (*Abb. 27*), genauso wie in einem Fresko im Haus des Ganymed in Pompei.[15] In den Versen der *Aeneis* zieren zwei Episoden die Borde der golddurchwobenen Tunika von Cloanthus: Ganymed bei der Hirschjagd in den Wäldern des Berges Ida mit dem Speer oder Stab in der Hand und während der Entführung durch Jupiters Adler.[16] Vergil berichtet nicht von seiner Schönheit, sondern von seiner Gewandtheit bei der Jagd und seiner Fähigkeit, den Stab zu schleudern, ein Werkzeug, das in gleicher Weise zum Angriff wie zur Verteidigung dient. Eine Lanze oder ein Speer ist ebenfalls ikonographisches Attribut des

27 *Ganymed gen Himmel getragen.* Nach J. M. Raponi *Recueil des pierres gravées.* 1786, Roma

Jünglings in der »Allegorie der Ehre«, wie ihn Annibale Carracci gemalt hat. Mit einem Speer beziehungsweise einer Lanze in der Hand tötet der hl. Georg den Drachen, und der Erzengel Michael besiegt den Satan. Die christlichen Helden verdrängen die Ungeheuer aus dem Schatten des Unbewußten. Einen Speer schwingt auch die kühne Minerva in ihrem *Combattimento della virtù contro i vizi*, als sie in den von Andrea Mantegna[17] gemalten Garten einbricht, einem Ort des Kampfes zwischen der wiederentdeckten heidnischen Sinnlichkeit und dem neuen neoplatonischen Ideal: im Studierzimmer von Isabella d'Este in Mantua, einem Raum der Erziehung zum Seelenkampf. Der Speer der Minerva ist gebrochen, wie in der Tugend-Allegorie des Correggio, eine Metapher – so heißt es – nicht des Sieges, sondern der moralischen Unbesiegbarkeit. Die Spitze liegt auf dem Gras in jenem allegorischen Raum, in dem wie in dem figurativen, zum Schmuck des klassizistischen »Römischen Hauses« in Weimar auszuwählenden Bild, ausgerechnet Venus Verliererin war und sein mußte, und nicht Urania.

Das Bild von Carracci läßt nicht erkennen, ob die Lanze des Jünglings zwischen Wolken und jubilierenden Engeln gespalten oder vom Rahmen unterbrochen ist; aber Heinrich Meyer kopiert ihn, als hätte er keine Spitze, und der noch barocke Faltenwurf fällt wie der Schatten eines Schnabels.[18] Die von Annibale gemalte Allegorie in Gestalt des Jünglings, zeitlich noch weit entfernt von den Genien der Aufklärung, wird in luftiger Distanz von der Erde dargestellt, und zwar mit demselben diagonalen Schwung, den man in seiner *Assunzione della Vergine* (heute im Prado) bewundern kann. Das Bild entstand vermutlich ein Jahr zuvor – 1587 –, und die Kunstkritik lobte die figurative Kühnheit, mit der die Jungfrau von Engeln und Wolken emporgehoben wird. Die Vorstellung vom Flug, ausgedrückt durch die Gestalt mit den ausgebreiteten Armen und den vom Wind gekräuselten Kleidern außerhalb der irdischen Dimension des Bildes, übersetzt den Begriff des körperlichen Aufstiegs in den Himmel. »Assumpta est Maria in coelum«: Die Imagination der Apokryphen, des Pseudo-Meliton und des Pseudoevangelisten Johannes ersparten Maria den physischen Verfall, und obwohl sie ihren natürlichen Tod nicht verneinten, nannten sie ihn »Transitus«, Eintritt in ein höheres Leben.[19] Es ist der Sohn und Heiland, der der Mutter erscheint und ihr verkündet, daß ihr Körper »ins Paradies übergehen soll, während ihre Seele im Himmel aufgenommen werden wird, im Reich des Vaters«. Die Identifikation mit der Todesangst und der Wunsch, in einer Welt ohne Leiden zu leben, ließen im Laufe der Jahrhunderte die männliche Omnipotenz überwinden: Das Privileg der Nichtverwesung des Körpers wurde auch einer weiblichen Figur zugestanden und damit gezeigt, daß das Bild vom himmlischen ewigen Leben nicht von der Person zu trennen ist, der Gott irdische Gestalt gegeben hat.

Carracci verwendet die gleiche bildnerische Idee: ein säkularisierter Übergang läßt den Körper des Jünglings, Genius, Engel oder Erot, im Original wie in der Kopie über die Grenzen der Realität hinausschweben. Im Himmel aufgenommen zu werden, bedeutet, nicht mehr den Gesetzen der Schwerkraft zu unterliegen. Die Allegorie »Onore in aria« ist ein siegreicher Ikarus, der nicht vom Familienneid bedroht wird, ein triumphierender Phaethon, der nicht bestraft, sondern wegen seiner Verwandtschaft mit dem Sonnenvater verherrlicht wird. Ganymed ähnelt ihm, und es verwundert nicht, wenn im *Ovide moralisè* Ganymed als Christusfigur und sein Mythos als der einer Einheit, die der Identifikation zwischen Vater und Sohn, gedeutet wird. Eine glückliche Exegese, die das Mittelalter durchzieht. Der vom Himmel herabkommende Adler erhebt »das Fleisch, das er angenommen hatte«, den Sohn, auf die Höhe seines Throns:

Jupiter, Gott, Vater, Helfer
der alle mächtigen Herrscher ruft,
der alle Kreaturen schuf,
Aus Liebe zur menschlichen Natur
stieg vom Himmel herab
und wurde, was er nie war
Es heisst Mensch und nahm das Gefängnis
der menschlichen Natur an
und wie ein Adler gen Himmel flog
und nahm dies Fleisch (mit)
das er angenommen hatte.
Er setzte es auf seinen hohen Thron
Er ist der Mundschenk, scheint mir.[20]

Die Verwandlung Ganymeds in das Sternzeichen des Wassermanns wird zur idealen Vereinigung des Menschlichen und Göttlichen:

Wahrer Gott und wahrer Mensch
Der tränkt und nährt seine Erwählten
mit geistigen Freuden.
Er ist reich an Güte
Seine Gnade über die Welt sich ergiesst.[21]

Einer anderen Interpretation des *Ovide moralisé* zufolge antizipiert Ganymed die Gestalt des Apostels Johannes, des Lieblingsjüngers Jesu, der sein Haupt an die Schulter seines Herrn lehnt. Er war beim ersten Wunder und der Verklärung zugegen, er hat den auferstandenen Christus an den Ufern des Sees Genezareth erkannt. Sein Attribut ist der Adler, dessen Blick er hat. Der Adler, Christussymbol, Symbol der vollkommenen Reinheit, gestattet es Johannes, die himmlischen Geheimnisse zu erkennen und das Evangelium als Zeugnis der Liebe und der göttlichen Barmherzigkeit zu erzählen, wie häufig in der Ikonographie dargestellt.

Johannes verkörpert die Grenze, die Schwelle zwischen irdischer Erfahrung und übernatürlicher Vision.

Wenn ich will, daß er bleibe, bis ich komme, was geht es dich an? Folge du mir nach! Da ging die Rede aus unter den Brüdern: Dieser Jünger stirbt nicht. (Johannes 21, 22-23)

Der in ein christliches Bild übertragene anagogische Sinn des Ganymed-Mythos ist eine Idee, die während des Mittelalters und der Renaissance die andere faszinierende Konnotation bewahrt, und zwar die

28 (nach) Michelangelo, *Ganymed*. 1532

neoplatonische des *furor divinus*[22]. Sie tritt an die Stelle der *gratia ilu-minans*, die Dante im Traum des goldgefiederten Adlers an den Ein-gang des Purgatoriums bringt. Ganymed wird in dem Gleichnis des 9. Gesangs – in den nach Cristoforo Landino entstandenen Kommen-taren – zur von Gott geliebten Figur der *mens humana*, einem höheren Wesen, zu dem er sich in einer *unio mystica* emporhebt.

Diejenigen, die staunend unten verbleiben, und den Flug, die Ent-rückung des Geistes verfolgen, verkörpern die sinnliche und die vege-tative Seele.[23]

Zwei Gemmen aus Chalzedon-Achat, für den Kardinal Alessandro Farnese Mitte des 16. Jahrhunderts von Giovanni Bernardi geschnit-ten, nehmen das platonische Bild, wie es Michelangelo für den jungen Tommaso Cavalieri *(Abb. 28)* gezeichnet hatte, wieder auf. Die erste Gemme *(Abb. 29)* läßt auf zart transparentem Goldgrund den weißen Körper des vom Adler umarmten Ganymed hervortreten. Auf der zwei-ten hingegen scheint ein Querriß, ein Zeichen der Zeit, mit der Ge-schichte der Gemme auf den schmerzvollen Bruch zwischen irdischer Wirklichkeit und Himmelssphäre zu verweisen *(Abb. 30)*. Unten blei-

29 *(oben)*   Giovanni Bernardi, *Ganymed von Adler entführt*. Um 1550.
Sammlung Farnese. Museo Archeologico Nazionale, Napoli

30 *(unten)*   Giovanni Bernardi, *Raub des Ganymed*. Um 1550. Sammlung
Farnese. Museo Archeologico Nazionale, Napoli

ben zwei unruhige Hunde mit der Schwere ihrer Körper dem Boden verhaftet, weit entfernt von den Flügeln, auf denen Ganymed[24] sich ausstreckt.

Die Kunstkritik schreibt – die Figur des Leochares und das Bild Vergils »canum latratus in auras« vergessend – häufig Correggio (1531) die Erfindung des Hundes zu, der in einer Ecke mit erhobener Schnauze dem anmutigen Jüngling zuschaut, der, an seinen gefiederten Drachen geklammert, die Erde nicht mehr berührt, heidnische Glückseligkeit des Fluges empfindet, weit entfernt – so scheint es – von platonischer Sublimation oder trauernder Erinnerung.

Die perspektivische Umkehrung des Mythos nach der christlichen Moralisierung und der neuplatonischen Tradition war den Gelehrten und Liebhabern der Aufklärung nicht fremd. Im *Gründlichen mytho-logischen Lexikon* von Benjamin Hederich, das, wie Hans Blumenberg nachwies, Goethe als Quelle zur Deutung des Prometheus-Mythos gedient hatte, wird der Ganymed gewidmete Artikel mit einer Anmerkung von moralischer Bedeutung abgeschlossen, in der die Erhabenheit des Geistes über den Leib definiert wird:

Anderweitige Deutung. Wie einige seine Schönheit nicht auf die Schönheit des Leibes, sondern des Gemüthes, oder seine Klugheit und Tugend deuten: also wollen sie, daß er auch wegen solcher von dem Jupiter geliebet, und in den Himmel genommen worden, weil dergleichen gute Eigenschaften von Gott und großen Leuten geliebet werden. (Cicero, *Tuscul.* 1.1)[25]

Hederich führt neben den Quellen des Mythos auch die Ikonographie und Ikonologie geschnittener Steine nach Maffei, Mariette und die Daktyliothek von Philipp Daniel Lippert auf. Er verweist weiterhin auf das Emblem von Achille Bocchius[26], einem Bologneser Humanisten, Verfasser der *Symbolicarum quaestionum libri quinque* (Bologna 1555) und auf den Kommentar des Jesuiten Jacob Masenius in seinem 1651 in Köln gedruckten *Speculum imaginum veritatis occultae*[27]. Die Bände befinden sich in der Weimarer Bibliothek, an deren Decke der *Genius* von Annibale Carracci in der Kopie von Heinrich Meyer schwebt. Es war nicht die einzige deutsche Erscheinung des »Amore per la virtù« oder des »Onore in aria«. Joseph Grassi, der bereits in Wien wie auch in Rom in der Gunst des Dresdner Hofes stand, malte eine Kopie für den Herzog von Sachsen-Gotha.[28]

Goethe, auch zuständig für die Weimarer Bibliothek, kannte das Werk von Masenius und von Bocchi, ein mit antiken Fabeln und ihrer christlichen Auslegung bebildertes Handbuch.

LIB. III.

SCVLPTORIB IAM NVNC GANYMEDEM CERNE
LEOCRÆ

PACATI EMBLEMA HOC CORPORIS, ATQ.

ANIMI EST.

Symb. LXXIX.

31   Achille Bocchi, *Ganymed*. Aus: Symbolicarum quaestionum de universo genere quas serio ludebat libri quinque. Bologna, Nova Academia Bocchiana 1555

70

»Vera in cognitione dei, cultuque voluptas«, stand über dem von Giulio Bonasone gestochenen und – so heißt es in der Kunstkritik – von Annibale Carracci korrigierten Bild. Das Emblem stellt einen nackten, zwischen Flügeln und Klauen des Raubvogels gefangenen Ganymed dar.

> Wie der Name selbst bezeugt
> die höchste Lust des Menschen
> ist die Frömmigkeit

Die höchste Lust des Menschen liegt in einem frommen Bewußtsein und in der Verehrung Gottes *puro mentis flore*; was nicht gerade der gleichen Absicht entspricht, die Michelangelo zur Zeichnung für seinen Freund Tommaso Cavalieri (1532) inspirierte; neuplatonische Figur jenes *furor divinus* oder besser *furor amatorius*, eines irdischen Eros, von dem der Künstler besessen war, als er beschloß, seine Gewalt mit dem Ganymed-Mythos darzustellen. Unten, im ersten Emblem von Bocchi, auf Höhe der bewohnten Erde, bellt ein Hund, als er seinen Herrn in höhere Sphären entschwinden sieht. Ihr Gekläff verliert sich in der Landschaft, über die sich die Wolken öffnen.

> Der Hund bellt wild in der Luft
> Diese ist die niedrige Gier der Menschen
> die unten wütet, er aber erhaben triumphiert
> Betrachte nun den Ganymed des Bildhauers Leochares
> Emblem des Körpers und der beruhigten Seele

Im zweiten Emblem sollte die menschliche Begierde mit zwei kläffenden Hunden im Vordergrund verdoppelt erscheinen, während die besitzergreifende Gewalt der Klauen des Adlers durch eine flatternde Tunika abgemildert wird, die dem Körper auch Schutz vor der Umarmung durch den angriffslustigen Jupiter bietet *(Abb. 31)*.

Dem sinnlichen Erwachen und dem Kampf um die Sublimation entsprechen nun die besänftigten Sinne. Die Hunde des Bonasone, die in der Zeichnung von Michelangelo als zarte und undeutliche Konturen erschienen, sollen gewiß auf die moralische Allegorie anspielen, wonach die Schönheit der Seele – *psyché* – die Unsterblichen verführt und nicht die des Körpers:

Es treibt mich, Kallias, fuhr er fort, dich auch noch in die Welt der Götter und Helden zu führen – erläuterte Xenophon seinem reichen Gast, Abenteurer und Vergeuder von Eros und Geld –, um dir zu zeigen, daß auch sie, und nicht nur die Menschen, Seelenfreundschaft höher achten als Leibeslust.[29]

Die Argumentation, die er vorbringt, ist von überzeugender, nicht nur mythologischer Evidenz:

Zeus hat nämlich all die sterblichen Frauen, deren Gestalt er begehrt hat, nach seiner Vereinigung mit ihnen sterblich bleiben lassen; wo ihn aber eine trefflliche Seele entzückte, machte er sie unsterblich: Herakles, die Dioskuren, und man nennt noch andere.

Während der gute christliche Wille zumindest einige Wege für die weibliche Unsterblichkeit offenhielt, die mit Palmen geschmückten des Martyriums, war der Göttervater hingegen nicht zu Konzessionen bereit: Keine sterbliche Frau hatte für ihn je »eine treffliche Seele« besessen. Die sterblichen Frauen müssen der Erdenzeit folgen. Selbst Alkmene, die aufgeregteste unter Jupiters Geliebten, die vermutlich wohl zu unterscheiden vermochte zwischen ihm und ihrem Ehemann, starb uralt in Theben. In der längsten Nacht des mythologischen Eros bestand ihre Funktion darin, eine konkurrenzlos schöne Seele zu zeugen: Herkules.

Ich behaupte sogar, daß auch Ganymed um seiner Seele, nicht seines Leibes willen von Zeus auf den Olymp entrückt wurde. Dafür zeugt schon sein Name; heißt er doch in der Sprache Homers soviel wie »geistesfroh« oder »süßen Geistes«, und darum, nicht weil er süßen Leibes war, ist er bei den Göttern so geehrt.[30]

Eine Unterscheidung, die übrigens dem Übersetzer Xenophons in Weimar – Christoph Martin Wieland, der das *Symposium*[31] seiner dramatischen Form wegen dem Dialog von Platon als überlegen betrachtete – dazu diente, mit mythologischer Ironie in einer seiner *Comischen Erzählungen* den Zwist zwischen Jupiter und Juno wegen Ganymed zu schlichten.

> »Madam«, versetzt ihr Zeus, »die Frag ist überlei
> Ich sagt' Euch ja, daß ich hiebei
> Den Sokrates zum Muster mir erwählte,
> Und schöner Knaben schöne Seele
> Allein der Gegenstand von meiner Liebe sei.«[32]

Juno scheint zufrieden zu sein:

> »Ganz gut, mein Herr, es steht Euch frei
> An ihren Seelen euch nach Herzenslust zu weiden;
> Ich gönn euch diesen edlen Trieb,
> Und nehme, wie ihr seht, bescheiden,
> mit ihrem gröbern Teil vorlieb.«[33]

32   *Ganymedes ob elegantiam raptus ab Jove.* Aus: Ovidii Metamorphosis oder
Verwandelungs Bücher … mit Teütschen reimen öffentlich herauß gegeben /
Durch Johann Wilhelm Baur … und durch Abraham Aubry in Kupfer gesto-
che[n]. Nürnberg 1688. Herzogin Anna Amalia Bibliothek, Weimar

Mit anderen Worten, mit dem von den Hunden verkörperten Teil.

Der Ganymed in Goethes Hymne scheint sich darum nicht zu sche-
ren. Er wird sich seines eigenen Körpers in der Wärme des Frühlings,
des Geliebten, bewußt, der ersten Befreiung aus der Starre. Das Erwachen aus dem Tiefschlaf ist die Antwort auf einen Ruf, Figur der
psychischen Unruhe, in einer Konstellation, die wie die wechselnden
Jahreszeiten von den Rhythmen melancholischen Stillstands und vita-
len Schwungs gekennzeichnet ist. Freilich, als Emblem einer historischen Zeit mag es ähnlich der Befreiung des Prometheus im Morgen-
grauen einer neuen Epoche erscheinen.

> Wie im Morgenglanze
> Du rings mich anglühst,
> Frühling, Geliebter![34]

Nach der Goethe-Interpretation zeigt sich Gott dem Jüngling als
Natur. Sein Ruf dürfte demnach nicht einfach das Gefühl sein, einer
göttlichen Kraft anzugehören, sondern das Bewußtsein, den kosmisch-

sten aller Wechsel, den schmerzvollen Abgrund zwischen dem Gras der Erde und dem Dunst der Wolken, überwinden zu wollen und zu können. Der Körper brennt im »eingebildeten Feuer« der Lust und der Macht und hat die Kraft, an die Höhe des Geistes zu reichen, um sich ohne weitere Verirrungen mit dem neuen Vater zu vereinigen, der zugleich die eigene und lange schlummernde – sowie legitime – Omnipotenz ist. Auf einem der »kunstreichen Kupffer« mit »Teütschen reimen öffentlich herauß gegeben«, im Weimarer Exemplar von Ovids *Metamorphosen*[35], erscheint Ganymed mit erhobenen Armen; eine dunkle Wolke umgibt schon sein Haupt *(Abb. 32)*: »Ein Adler Ganymeden führt / Biß er des Himmels Hof berührt«, kommentieren die Verse. Eine ungewöhnliche Ikonographie, die sich von den klassischen Darstellungen entfernt: Angst oder Lust nach Himmelshöhen?

Liest man den Brief, den der junge Werther am 18. August 1771 an seinen Freund schrieb, stößt man auf das Bild des alten Wunsches zu fliegen:

Ach damals, wie oft habe ich mich mit Fittichen eines Kranichs, der über mich hin flog, zu dem Ufer des ungemessenen Meeres gesehnt, aus dem schäumenden Becher des Unendlichen jene schwellende Lebenswonne zu trinken und nur einen Augenblick in der eingeschränkten Kraft meines Busens einen Tropfen der Seligkeit des Wesens zu fühlen, das alles in sich und durch sich hervorbringt [...]. Selbst diese Anstrengung, jene unsäglichen Gelüste zurückzurufen, wieder auszusprechen, hebt meine Seele über sich selbst und läßt mich dann das Bange des Zustandes doppelt empfinden, der mich jetzt umgibt.[36]

Der Wunsch Werthers ist von schmerzlicher Ambivalenz gekennzeichnet und läßt die Bewußtseinspaltung ahnen, deren Schatten das negative Prinzip des kosmischen Eros verdeckt:

Es hat sich vor meiner Seele wie ein Vorhang weggezogen, und der Schauplatz des unendlichen Lebens verwandelt sich vor mir in den Abgrund des ewig offenen Grabes.

Eine Todeskonnotation wie jene des Mythos von Ganymed, der antiken Welt Bild für die dem Leben entrissenen Knaben und Jünglinge, doch auch des Verzichts auf den Körper zugunsten des Fluges der Seele. Unten, im Nebel, wartet im Hinterhalt die andere Gestalt, welche die Hunde als Symbol der Sinne nicht zum Bellen, sondern zum Einschlafen veranlaßt, wie in Dürers *Melancholia I.*; *Erlkönig*, König der Elfen, väterliches Prinzip des Todes, das Körper und Seele raubt.

So verwundert es nicht, daß der Jüngling Ganymed, in der 1793 von Carstens in Rom ausgeführten Zeichnung, ein Jahr vor der Kopie des *Genius des Ruhms* von Heinrich Meyer, ins Weimarer Pantheon Eintritt findet und die Flügel des Adlers als die nun eigenen benutzt. Sein Ganymed ist glücklicher Erbe des Euphorion, der weit mehr Unglück hatte, eingedenk der neuplatonischen Figur, die nach der eigenen, bewußten Erhebung strebt. Die Wolken geleiten ihn, stehen ihm beim Übergang von der nunmehr unsichtbaren Erde bei. Der Adler scheint mit einem menschlichen Körper und zwei Köpfen ausgestattet zu sein, die durch die Schärpe vereint sind, welche sich – gemäß der Tradition der Malerei – vom Hals aus nach oben hin aufbläht. So hatte es Carstens an der Decke des Ganymed-Saals im Palazzo Zuccari[37] gesehen, einem Ort, der übrigens mit Weimar in Verbindung stand, da hier der Rat Reiffenstein wohnte, der Goethe und die Herzogin Anna Amalia während ihres Romaufenthaltes führte.[38]

Carstens *Ganymed*[39], mit seiner phrygischen Mütze und in seiner Treue zur ikonographischen Tradition, die jedoch unbewußt modernere politische Kühnheiten zu evozieren scheint, zeigt zwei Gesichter: das eine das des Raubvogels, das andere das des Adoleszenten, geradezu als sei das preußische Janusgesicht, einerseits militärisch, andererseits philosophisch, in ein erwünschtes Symbol von einheitlicher Souveränität übertragen worden. Sein Adler hat ein antikes Gedächtnis, das des alten, nach Leochares benannten Modells, wie im Emblem von Bocchi, jedoch verleihen die Vorbilder der italienischen Malerei seinen Flügeln moderne Anmut, und sie erhalten im Zeitalter der Revolution politische Aktualität und symbolische Macht.

Anmerkungen

1 Vgl. Asmus Jakob Carstens, *Goethes Erwerbungen für Weimar.* Bestandskatalog der Kunstsammlungen zu Weimar, hrsg. von Renate Barth, Schleswig 1992. – Später waren auch die anderen Käufer unentschlossen: »Das Ambigu Jupiter mit dem Ganymed, von dem man nicht weiß, ob es alt sei oder von Mengs, war für 500 Scudi zu verkaufen. Weil es aber zweifelhaft war, kaufte es niemand.« August Böttiger, *Göthe*, in *Literarische Zustände und Zeitgenossen* (Anmerkung vom 16. Januar 1799), Weimar 1997, S. 95.

2 Carl Ludwig Fernow, seit 1803 Bibliothekar der Herzogin Anna Amalia, in den römischen Jahren Freund von Carstens, hatte seinen Nachlaß mit nach Weimar gebracht. Zur Geschichte der Bücher und Handschriften, die sich

heute in Weimar befinden, siehe *La biblioteca italiana di Carl Ludwig Fernow*, hrsg. von Lea Ritter-Santini (im Druck).

3 Gerda Kempter interpretiert in ihrem Buch *Ganymed – Studien zur Typologie, Ikonographie und Ikonologie*, Köln–Wien 1980, die Ikonographie des Rembrandtschen Ganymeds als politische Satire auf den Infanten von Spanien, den Kardinal Don Ferdinand, Bruder des Königs Philipp IV., der 1635, als das Gemälde vollendet wurde, in Flandern regierte. Der triumphal empfangene Don Ferdinand enttäuschte alle Hoffnungen, die man auf ihn gesetzt hatte. Der Adler sei demnach der von Spanien. Werner Busch stellt hingegen eine Hypothese auf, wonach Rubens' Ganymed, sexualiter verstanden, die ironische Erfindung des Bildes von Rembrandt ausgelöst habe, in »Zeitschrift für Kunstgeschichte«, 52, 1989, S. 276 ff. – Vgl. auch Annette Kruszynsky, *Der Ganymed-Mythos in Emblematik und mythographischer Literatur des 16. Jahrhunderts*, Diss. Hamburg–Worms 1985.

4 Louis Aragon und Jean Cocteau, *Entretiens sur le Musée de Dresde*, Paris 1957.

5 Der Bau des »Römischen Hauses«, vom Hamburger Architekten J. August Arens, wurde im März 1792 begonnen.

6 Johann Heinrich Meyer, *Goethes Briefwechsel mit Heinrich Meyer*, hrsg. von Max Hecker, *Schriften der Goethe-Gesellschaft*, Bd. XXXII, I, Weimar 1917, und Bd. XXIV, II, Weimar 1919. Zu Goethes Besuchen in der Dresdner Gemäldegalerie: Gertrud Rudloff-Hille, *Goethe und die Dresdener Galerie*, in *Beiträge und Berichte der Staatlichen Kunstsammlungen Dresden*, 1972-1975, Dresden 1977.

7 *Ibid.*

8 *Ibid.*

9 Cesare Malvasia, *Felsina pittrice*, Ed. G. P. Zanotti, III, Bologna 1842, und Donald Posner, *Annibale Carracci*, London–New York 1971, II, S. 46.

10 *Der Genius des Ruhmes*, Kat.-Nr. 306. Der Katalog der Gemäldegalerie Dresden erwähnt Winckelmann nicht, sondern schreibt den Titel des Bildes *Genius des Ruhmes und der Ehre* Karl Heinrich von Heinecken (Altes Galeriewerk, II, 1757), seit 1746 Direktor der Gemäldegalerie, zu. Seit Ende des Jahres 1752 arbeitete Winckelmann in Dresden an einer »Beschreibung der vorzüglichsten Gemählde der Dresdner Galerie«, die jedoch nicht vollendet wurde. Die Werke von Annibale waren selbstverständlich Gegenstand von Studien und Untersuchungen zwischen Annäherung und sächsischer Gelehrsamkeit.

11 Goethe Nationalmuseum – Inv. Schuchardt I, Nr. 43 – vgl. *Der Sammler und die Seinigen. Handzeichnungen aus Goethes Besitz*, München 1999, Nr. 20, S. 70.

12 Und fuhr fort: »welche dann nachdem sich die Idee dank seiner Güte auf seine Geschöpfe übertragen hat, folgt daraus dass diese in irgendeiner Weise die Schönheit verstehen, aber wie die die sich selbst im Spiegel betrachten, sofort wieder vergessen, wie der Hl. Jacopus in seinem kanonischen Brief sagte, so sehen wir die Schönheit in den sterblichen Dingen und wir kön-

nen uns nicht sehr erheben, um die reine und einfache Klarheit zu sehen, in der alle Klarheiten ihren Ursprung haben«. Cesare Ripa, *Iconologia overo descrittione di diverse Imagini cavate dall'antichità e di propria invenzione*, Roma 1603, Neudruck Hildesheim–New York 1970, S. 40-41. Übersetzung L. R.-S.

13 *Ibid.*, S. 41.

14 *Description des pierres gravées du feu baron de Stosch*, Florenz 1760, S. 200. »Ganymede represente l'Aquarius du Zodiaque«, Winckelmann beschreibt die geschnittenen Steine Nr. 163-173, sämtliche mit der Ganymed-Figur.

15 Vgl. das von Sichtermann veröffentlichte Verzeichnis, *Ganymed*, a.a.O., fast identisch mit dem von ihm bearbeiteten Stichwort mit ikonographischem Verzeichnis im Lexikon LIMC, Nr. 360: Pompei, Haus des Ganymed, Der schlafende Ganymed, eine Lanze in der rechten Hand. Eros mit zwei Lanzen auf einem Baum. Nr. 362: Pompei, Gasse des Balkons, Der schlafende Ganymed mit einer Lanze in der Hand, S. 95. Die Darstellung eines Ganymed mit Stab findet sich auch in einem Mosaik einer römischen Villa des 3. Jh.s n. Chr. in Pafo, Zypern (Warburg-Haus, Hamburg).

16 Vergil, *Aeneis*, 5. Buch, V. 252-257: »intextusque puer frondosa regius Ida / velocis iaculo cervos cursuque fatigat, / acer, anhelanti similis, quem praepes ab Ida / sublimem pedibus rapuit Iovis armiger uncis: / longaevi palmas nequiquam ad sidera tendunt / custodes, saevitque canum latratus in auras.«

17 *Isabella d'Este, Fürstin und Mäzenatin der Renaissance*, hrsg. von Sylvia Ferino-Padgen, Ausstellungskatalog, Kunsthistorisches Museum, Wien 1994, S. 210-216.

18 Die Anmerkung von Meyer am Rande der Zeichnung erläutert die Ausmaße des Bildes: »Dieses Bild wird ungefähr 4 und $^1\!/_2$ Fuss hoch sein im Original. Nach dem Masstab, welches ich neben gezeichnet habe, und die Breite hat etwa 3 bis 2 Fuss. Die Kinder die herum und auf Wolken stehen werden sämtlich oder doch zum Theil weggelassen. Die anderen Bilder sind auch breiter etwa 6 Fuss breit und 4 Fuss hoch.« (Goethe-Museum Weimar, Stiftung Weimarer Klassik)

19 Das letzte Mal, daß Maria im Neuen Testament vorkommt, ist am Pfingsttag, nach der Himmelfahrt Christi. Nichts ist bekannt über ihre letzten Lebensjahre, auch nicht darüber, wo sie starb, auch wenn Jerusalem und Ephesus sich um den Ruhm, der Todesort zu sein, streiten. Die Apokryphen des »Transitus« der Jungfrau Maria enthalten zahlreiche sagenumwobene Umstände. Vgl. Konstantin von Tischendorf, *Transitus Mariae*, in *Apocalypses Apocryphae*, Leipzig 1866, Reprint, Hildesheim 1966, S. 124-136, Gabriele Roschini, *La vita di Maria*, Rom 1946, S. 369, sowie einige Anmerkungen in Klaus Schreiner, *Maria. Jungfrau, Mutter, Herrscherin*, München 1994, S. 465-474.

20 *Ovide moralisé. Poème du commencement du quatorzième siècle*, hrsg. von Cornelis de Boer, Bd. IV, Amsterdam 1936, S. 92 (V. 3408-3420).

21 *Ibid.* (V. 3421-3426)

22 Erwin Panofsky widmet einige Seiten des Kapitels *The Neoplatonic Movement and Michelangelo* in seinen *Studies in Iconology. Humanistic Themes in the*

Art of the Renaissance, New York, 2. Aufl. 1962, der Geschichte des Ganymed-Mythos in bezug auf eine Zeichnung von Michelangelo für Tommaso Cavalieri. Verwundert es, daß auf der Umschlagseite der deutschen Ausgabe *Studien zur Ikonologie*, Köln 1980, die Zeichnung des Ganymed von Michelangelo (fälschlicherweise als Tityos bezeichnet) abgebildet ist, während auf dem Umschlag der Originalausgabe *Icon*, New York – London, ein Detail des Trionfo del Tempo von Pesellino zu sehen ist? Die Studie von James M. Saslow, der die Geschichte und die Ikonologie des Mythos von Michelangelo bis zum 17. Jahrhundert in Holland verfolgt, *Ganymed in the Renaissance – Homosexuality in Art und Society*, New Haven – London 1986, beschäftigt sich in einer besonderen Untersuchung mit den Werken von Benvenuto Cellini, einem Künstler, der übrigens auch der Weimarer Kultur Goethes, der seine *Vita* übersetzte, angehörte. Die Untersuchung von Leonard Barkan, *Transuming Passion – Ganymede and the Erotics of Humanism*, Stanford 1991, legt ihren Schwerpunkt auf Dante und die Analogie Christus – Ganymed, Leiden – Ekstase, Raub – Auferstehung.

23 »Sia adunque Ganimede l'humana mente la quale Giove, idest el sommo Idio ama. Tiene e suoi compagni l'altre potentie dell'anima come et vegetativa et sensitiva. Apposto adunque Giove, che essa sia nella selva idest remota delle cose mortali, et con l'acquila già detta la inalza al cielo. Onde essa abbandona e compagni idest la vegetativa et sensitiva, et abstratta et nella contemplazione de' secreti del cielo.« Cristoforo Landino, 1529, fol. CLVI. 1958. Man vergleiche auch die Kapitel von Edgard Wind, *Pagan Mysteries in the Renaissance*, Oxford 1958.

24 Teresa Giove und Alessandra Villone, *Dallo studio al Tesoro. Le gemme farnese da Roma a Capodimonte*, in *Le gemme Farnese*, Ausstellungskatalog, hrsg. von Carlo Gasparri, Neapel, Museo Nazionale Archeologico, 1994.

25 Benjamin Hederich, *Gründliches mythologisches Lexikon*, überarbeitet, erweitert und korrigiert von Johann Joachim Schwaben, Leipzig 1770, reprograf. Nachdruck Darmstadt 1996.

26 *Achillis Bocchii Bonon Symbolicarum quaestionum de universo genere quas serio ludebat, libri quinque.* Symbol LXXVII und LXXIX, Bologna 1555. Die Signatur in der Herzogin Anna Amalia Bibliothek, Weimar, ist 22,I:22.

27 *Speculum imaginum veritatis occultae Exhibens Symbola, hierglyphica, Emblemata, Aenigmata, Omni tam materiae quam formae varietate exemplis simul ac praeceptis illustratum.* ANNO MDCLI Quo Romam urbis Jubilat Authore R. P. Jacobo Masen. Der Jesuit, der seine Sammlung »fabularum ex Alciato« Fabio Chigi widmete, Nuntius für den universalen europäischen Frieden, notierte: »Anima coelo illata – Ganimedem raptum animae ad Deum excitatae applicat« sowie unter dem Stichwort *Onore* »Honor alit artes«. Die Signatur in der Herzogin Anna Amalia Bibliothek, Weimar, ist 15,5:22. – Vgl. *Giulio Bonasone*, Katalog, hrsg. von S. Massari, Rom 1983.

28 Joseph Grassi (Wien 1756 – Dresden 1838) war zusammen mit Anton Graff von 1800 bis 1816 Professor an der Kunstakademie in Dresden. Er stand

unter dem Schutz des Herzogs Leopold August von Sachsen-Gotha und verbrachte längere Zeit an dessen Hof, um dort Fresken und Kopien von Gemälden auszuführen; u. a. den *Genius des Ruhms* von Annibale.

29 Xenophon viii, 30 *Symposium*, in *Xenophontis Opera omnia*, recognovit E. C. Marchant, t. ii, Oxford 1988, deutsche Übersetzung von Georg Peter Landmann, *Das Gastmahl*, Hamburg 1957, S. 55 ff. Die semantische Präzisierung des Xenophon erscheint wie eine Anspielung auch auf eine andere mögliche Bedeutung, die des *medos*, was außer Rat, Gedanke, auch männliches Glied bedeutet.

30 *Ibid.* Diese Erklärung liefert im übrigen auch das *Dizionario della Lingua italiana* von Tommaseo Bellini: »In Horatio: für die Alten das beste Symbol, ursprünglich *Gamós*: Glanz, Helligkeit, Lust, Freude – glänzen und glänzen lassen. *Gamosis*: schmücken, verschönern – *Medonai*: imaginieren, nachdenken, sich beraten, pflegen.

Es könnte also den Übergang bedeuten von einer Gesellschaft, die nur die äußere Schönheit und den Glanz liebte, zu einer reiferen, männlicheren, die sich dem Nachdenken, dem Beraten, der Pflege hinwendet. *Medós* galt als »Pflege und Männlichkeit«. – Bemerkenswert auch, daß im sizilianisch-griechischen Dialekt *Gané* und *Ganá* als Form von *Guné*-Frau gebraucht wurde.«

31 Christoph Martin Wieland, seit 1772 in Weimar, wo er Privatlehrer des Herzogs Karl August war, übersetzte das *Symposium* des Xenophon 1801. Der Publikation war ein Aufsatz *Über das Xenophontische Gastmahl* beigefügt, wiederabgedruckt in Hans Conrad, *Klassiker des Altertums*, München–Leipzig 1912.

32 Christoph Martin Wieland, *Juno und Ganymed* (in *Comische Erzählungen*), in *Werke*, Bd. IV, hrsg. von Fritz Martini und Hans Werner Seiffert, München 1965, S. 118-142.

33 *Ibid.*

34 Goethe, *Ganymed*, in *Gedichte* (Ausgabe letzter Hand, 1827), in J. W. Goethe, Berliner Ausgabe, *Poetische Werke*, a. a. O., Bd. 1, S. 329.

35 *Metamorphosis oder Verwandlungs Bücher Ovidii Metamorphosis oder Verwandlungs Bücher, das ist: Hundert und Fünfzig neue kunstreiche Kupffer Bildunge,* … mit Teütschen reimen öffentlich herauß gegeben / Durch Johann Wilhelm Baur … und durch Abraham Aubry in Kupfer gestoche[n], Nürnberg: Fürst 1688, Weimarer HAAB, 4. XXXVIII: 134 [a].

36 Goethe, *Die Leiden des jungen Werther*, in *Goethes Werke*, Hamburger Ausgabe, Bd. VI, München 1982, S. 52. Vgl. dazu auch Clemens Lugowski, *Goethe: »Ganymed«*, in *Interpretationen Deutscher Lyrik von Weckherlin bis Benn*, hrsg. von Jost Schillemeit, Frankfurt a. M. 1965, S. 47, vgl. Kap. 1, Nr. 39.

37 Zum ikonographischen Programm des Ganymed-Saals im Palazzo Zuccari siehe Kristina Hermann-Fiore, *Die Fresken Federico Zuccaris in seinem römischen Künstlerhaus*, in »Römisches Jahrbuch für Kunstgeschichte«, Bd. 18, 1979, Tübingen 1979, S. 99.

38 Auch der Nazarener Joseph Anton Koch hinterließ bei seinem Tode 1839 ein unvollendetes Bild zum Raub des Ganymed, das ursprünglich Teil eines den

Illustrationen Dantes gewidmeten Zyklus sein sollte. Sein abgemilderter Klassizismus nimmt das Modell des Jünglings von Leochares auf und steht dem von Carstens nahe, mit dem er in Rom freundschaftlich verbunden war.

39 Carstens hat in Rom von 1791 bis zu seinem Tod im Jahre 1798 gelebt. Die an Goethe orientierten Kritiker warfen seinem *Ganymed* ein Fehlen an »Vorahnung von Glückseligkeit« und von »Himmelssehnsucht« vor. Das Sehnen schien ihnen zu sehr mit der Erde verhaftet. Carstens sah es hingegen im Sinne der antiken Konnotation als »Symbol eines vom Tode entführten Jünglinges in der Blüte seiner Jahre« in einer Projektion des eigenen Schicksals, eines an Schwindsucht Erkrankten. Zu den Beziehungen zwischen Carstens und dem Weimarer Hof siehe Renate Barth, *Lebensskizze*, im Ausstellungskatalog *Asmus Jakob Carstens – Goethes Erwerbungen für Weimar*, Schleswig-Holsteinisches Landesmuseum, Schleswig 1992.

Federn und Krallen

… aber die auf den Herrn
harren, kriegen neue Kraft, daß sie
auffahren mit Flügeln wie Adler,
daß sie laufen und nicht matt werden,
daß sie wandeln und nicht müde werden.

(Jesaja 40, 31)

Im Finstern wohnen
Die Adler.

(Hölderlin, *Patmos*)

Einige Monate nach der Juli-Revolution in Frankreich begann Goethe mit der Arbeit am vierten Akt des zweiten Teils des *Faust*. Die Aufstände vom Februar 1831 erschienen ihm wie eine Wiederholung der Tragödie von 1790, die Revolution, die Erhebungen und die politischen Revolten als eine historische Kategorie.

Von einer Wolke getragen, nimmt Faust vom Vorgebirge aus an der Schlacht zwischen dem kaiserlichen Heer und dem des Gegenkaisers teil. Der Sieger wird ihm das Meeresufer abtreten müssen, damit er seinen Kolonialisierungstraum verwirklichen kann. Wie im Ritual der antiken Auguren, die aus Art und Flugrichtung der beobachteten Vögel den Ausgang der Schlacht voraussagen, verkünden die in der Luft kämpfenden Vögel die »Auspizien«: der Greif, Symbol der feindlichen Macht und des Gegenkaisers, wagt sich mit dem Adler, dem bei den Germanen glückverheißenden Vogel, zu messen:

Ein Adler schwebt im Himmelhohen,
ein Greif ihm nach mit wildem Drohen.
Gib acht: gar günstig scheint es mir.
Greif ist ein fabelhaftes Tier;
wie kann er sich so weit vergessen
mit echtem Adler sich zu messen?[1]

Das grausame Ringen zwischen den Raubvögeln, zwischen rechtmäßigem Vertreter und Usurpator, findet in der Höhe statt. Der Schwächere stürzt zu den Gipfeln hinab:

83

33 Franz Kugler/Adolph von Menzel, *Geschichte Friedrichs des Großen*. Titelblatt zum dritten Buch, »Heldentum«. Leipzig 1842

> Nunmehr, in weitgedehnten Kreisen
> Umziehen sie sich – in gleichem Nu
> sie fahren aufeinander zu
> Sich Brust und Halse zu zerreissen.[2]

Sich beim Angriff Hals und Brust zu zerreißen war ein Naturtrieb nicht nur der heraldischen Vögel, deren Kraft von Krallen und Schnabel trotz sich wandelnder geschichtlicher Epochen unverändert blieb. Ob Sieger oder Besiegte, sie blieben Raubvögel:

Nun merke, wie der leidige Greif
Zerzerrt, zersaust, nur Schaden findet,
Und mit gesenktem Löwenschweif,
zum Gipfelwald gestürzt, verschwindet.[3]

In der zweiten Hälfte des 18. Jahrhunderts war der Himmel über Europa vom Streit zwischen denen, die sich brüsteten, die siegreichen Exemplare als Trophäen der Macht zu züchten, vom lauten Schlagen diesmal nicht goldener Flügel getrübt. Drei Adler kämpften um die Herrschaft: der grausame Adler Rußlands, der rauflustige Österreichs und der erbitterte Raubvogel Preußens. In der Allegorie der Aufteilung Polens (1772; *Abb. 33*) von Adolph Menzel[4], die die Taten Friedrichs des Großen illustrieren sollten, kündigte der siegreiche preußische Adler das Wappen einer Nation an, die zwar noch keine war, aber schon bald einer der mächtigsten Staaten Europas werden sollte. Der neue SPQP: *Senatus Populusque Prussianus*, Repräsentant einer Kultur, die ihr Selbstbild nicht nur im Spiegel des französischen Geistes, sondern auch in der Entfernung der römischen Tradition und ihren prahlerischen Zeichen der Macht sah und ihren eigenen Mythos entwarf.

Du häßlicher Vogel, wirst du einst
Mir in die Hände fallen,
So rupfe ich dir die Federn aus
Und hacke dir ab die Krallen.[5]

So drohte kaum ein halbes Jahrhundert später Heinrich Heine dem »fatalen« preußischen Vogel, der nicht nur »zu Aachen auf dem Posthausschild«, sondern voll des Giftes von allen Insignien herab herrschte.

In der germanischen Mythologie war der Adler der Vogel Odins, des alten Sturmdämons, den man sich wie Wotan vorstellte, Führer in das Totenreich, listig und erfinderisch wie der römische Merkur; eingehüllt in einen weiten, dunklen Umhang, führt er die »wilde Jagd« an. Odin, Herr des Krieges, nimmt die in der Schlacht getöteten Krieger als Adoptivkinder in die Walhalla auf. Vor seiner Tür wacht ein Wolf und über ihm ein Adler. Der Vogel ist wie der Wolf Symbol für Odins Unbesiegbarkeit; er liebt es, wie auch griechische und indische Gottheiten, sich in einen Adler zu verwandeln. In den Zweigen der Weltesche lebt ein Adler und erzeugt mit seinem Flügelschlag den Wind. Doch Odin beherrscht auch das geistige Leben und die Weltordnung. Er ist abenteuerlustig und dämonisch, Gott der unendlichen Weisheit. Um in ihren Besitz zu kommen, hat er, so erzählt der Mythos, ein Auge geopfert, dessen Fehlen er bis zu seinem letzten Auftritt, auf der Bühne bei Richard Wagner, mit einer schwarzen Binde kaschiert.

Der Adler, politisches Symbol der *translatio imperii*, wird zum Zeichen der Kontinuität des Heiligen Römischen Reiches und erscheint um 1200 – schwarz auf goldenem Grund –, als Wappen des Kaiserreichs erkannt, auf den Schilden der Fürsten. Die Zeiten der Kreuzzüge, der Ritter und Abenteurer standen unter dem Schutz des Adlers, der Autorität und Ordnung bedeutete. So stellte das Wappen von König Arthur – besungen von Albrecht Scharfenberg im *jüngeren Titurel* – den Adler treu der Tradition dar, nach der der Raubvogel nur den Stärksten unter seinen Neugeborenen aufzieht, während er den Schwächeren verhungern läßt. In dieser Doppelnatur des Adlers, in der Verbindung von Großmut dem Starken gegenüber, der beschützt wird, und gnadenloser Härte gegen den Schwachen, der so dem grausamen, naturgegebenen Schicksal ausgesetzt wird, in dem Schnabel, der einerseits Nahrung austeilt, andererseits zerhackt, sah Albrecht die wirkliche Natur des Staates: Güte ohne Strenge kann zu keinem glücklichen Ziel führen, ein Gebot, das von den Herrschern der Reiche und Provinzen gehorsam befolgt wurde.[6]

Der Adler duldet nur denjenigen, der den existentiellen Kampf gewonnen hat: Den Erwählten, dem es vergönnt ist, sich mit dem mythischen Vogel in die Lüfte zu erheben; dem Sterblichen unerreichbar, verspricht das Schicksal große Taten und das Privileg, himmlische Gefilde zu bewohnen. Der Adoleszent, der Jüngling, der Knabe wie auch das »göttliche Kind«, von denen der Gedanke der romantischen Palingenesis inspiriert wird, erscheint als die andere archetypische Figur in dem Bild, in dem der Adler – der des befreiten Prometheus wie der von Johannes dem Evangelisten – zur Ikone wird; Sinnbild des Geistes und des Vermögens, sich in der irdischen Souveränität mit dem Anspruch auf göttliche Genealogie und Erwählung zu erneuern.[7] Betrachtet man die Goethe-Zeichnungen der *italienischen Reise (Abb. 34)*[8], so verwundert es nicht, fein umrissene Tierskizzen und menschliche Profile *(Abb. 35)*, hier nicht als physiognomische Studien, neben Adlerköpfen zu sehen. Als verletzter Adlerjüngling hatte er sich selbst in seinem Jugendgedicht *Adler und die Taube*[9] bemitleidet: eine Allegorie des verwundbaren Genies, das getroffen vom Pfeil des Jägers in einen Myrtenhain gestürzt ist, wo es inmitten von Blumen, Büschen und Quellen vom weisen Gurren eines Taubenpaares zu arkadischen Freuden überredet werden soll. Die Konnotation ist eindeutig: Der Tauber

34 Johann Wolfgang Goethe, *Gesichtsprofile nach links, Adlerkopf im Profil nach rechts.* 1787/88? Stiftung Weimarer Klassik

35 Tierköpfe (Panther, Greif, Adler, Bock). 1787/88. Stiftung Weimarer Klassik

will überzeugen, die Taube, Bild des weiblichen Gehorsams, nicht des Heiligen Geistes, schweigt: »O Weisheit, du redest wie eine Taube!« *(Abb. 36)*

Der Adler, Symbol des männlichen Bewußtseins und des schöpferischen Geistes, läßt sich weder von der genügsamen Häuslichkeit noch von der idyllischen Erdennähe verführen.

»O, daß kein Flügel mich vom Boden hebt!« klagt Faust während des Osterspaziergangs mit dem Famulus Wagner, bevor er in die Umkreisungen des schwarzen Pudels gerät. *(Abb. 37)* Der Doktor der Theologie und der Alchimie, gelehrter Vorfahre von Batman und Superman, weiß: »zu des Geistes Flügeln wird so leicht kein körperlicher Flügel sich gesellen«, aber er wird auf dem Mantel des Lehrmeisters fliegen, denn es ist »jedem eingeboren, daß sein Gefühl hinauf und vorwärts dringt, [...], wenn über schroffen Fichtenhöhen der Adler ausgebreitet schwebt«.[10]

Die Metapher vom höheren Streben gehörte nicht nur zur Imagination Goethes. Lessing erzählt in einer seiner Fabeln, daß man den Adler fragte: »warum erziehest du deine Jungen so hoch in der Luft?« Der Adler antwortete: »Würden sie sich, erwachsen, so nahe zur Sonne wagen, wenn ich sie tief an der Erde erzöge?«[11]

Das pädagogische Modell der Aufklärung wird weiterhin überzeugen und die Faszination von der Höhe ausüben sowie von der Leidenschaft, sie zu erreichen, bis hin zur Legende von den großen aus dem Nichts gekommenen und mit dämonischen Gaben ausgestatteten Männern, die stets angepaßt und umgeschrieben wird.[12]

Nach Goethes Elegien und Bürgers Balladen wählte Madame de Staël als Beispiel für deutsche Poesie die Lyrik von August Wilhelm Schlegel, dem nach Auffassung seiner Zeitgenossen manche Gedanken von *De l'Allemagne* zu verdanken sind. Die Idee des Sonetts *Anhänglichkeit* erschien ihr »überaus reizend«, während ihre französische Paraphrase wie ein Erbauungstext wirkt.

> Oft will die Seele ihre Flügel dehnen,
> Gestärkt von der Betrachtung reiner Speise;
> Ihr dünkt, im engen wiederholten Gleise,
> ihr Tun vergeblich, und ihr Wissen Wähnen.
>
> Sie fühlet tief ein unbezwinglich Sehnen
> Nach höhern Weiten, freierm Tatenkreise,
> Und glaubt, am Schluß der Bahn nach ird'scher Weise,
> Roll' erst der Vorhang auf zu lichtern Szenen.[13]

36 (oben)   Adler und Taube. Deckengemälde im Schloß Belvedere, Weimar

37 (unten)   Arthur Kampf, *Faust wird von Mephisto in seinem Mantel durch die Lüfte weggetragen.* Illustration zu Faust. Berlin, Eigenbrödler Verlag 1925

Hätte Germaine einige Jahrzehnte später gelebt, sie hätte gewiß Charles Baudelaire[14] mehr geliebt, der mit seinen Metaphern kühner als August Wilhelm Schlegel der möglichen Leichtigkeit des Seins nachspürte. Baudelaires *Albatros* ist der moderne Bruder von Goethes verletztem Adlerjüngling, aber auch des Vogels in Schlegels *Lebensmelodien*, dessen Harmonie und »innere Musik der Seele« Madame de Staël so betont. Es ist der Dialog zwischen Schwan und Adler, Bilder des beschaulichen und des tätigen Lebens, symbolische Vögel, die jedoch nach Plinius in Zwietracht lebten. Ein jeder preist seine Eigenschaften. Der Adler zählt seine Privilegien und Tugenden auf:

> Ich haus' in den felsigen Klüften,
> Ich braus' in den stürmenden Lüften,
> Vertrauend dem schlagenden Flügel
> Bei Jagd und Kampf und Gewalt.
> [...]
> Ich jauchze daher in Gewittern,
> Wenn unten den Wald sie zersplittern;
> Ich frage den Blitz, ob er töte,
> Mit fröhlich vernichtender Lust.
> [...]
> Ich throne bei Jupiters Sitze;
> Er winkt und ich hol' ihm die Blitze,
> Dann senk' ich im Schlaf das Gefieder
> Auf seinen gebietenden Stab.
> [...]
> Ich wandte die Flüge mit Wonne
> Schon früh zur unsterblichen Sonne,
> Kann nie an den Staub mich gewöhnen,
> Ich bin mit den Göttern verwandt.

Madame de Staël hat in ihrer Übersetzung der Stimmen von Adler und Schwan den Streit, den Antagonismus der beiden Prinzipien, verkürzt. Im Original prahlt der Schwan mit der Eroberung Ledas: »von der sel'gen Götterkraft durchdrungen, hab' ich mich um Ledas Schoß geschlungen«.

Was sollte der dem Topos der Misogynie verhaftete Vogel Jupiters entgegnen?[15]

> Ich kam aus den Wolken geschossen,
> Entriß ihn den blöden Genossen,
> Ich trug in den Klauen behende
> Zum Olymp Ganymeden empor.

Der Schwan braucht ein Argument, das von der Antike bis zum Brief *Über die Ehe* des modernen Patriarchen Thomas Mann gleich geblieben ist, um den Unterschied der beiden Arten der Liebe zu definieren:

> So gebar sie freundliche Naturen
> Helena und euch, ihr Dioskuren,
> Milde Sterne, deren Brüdertugend
> Wechselnd Schattenwelt und Himmel teilt.

Dem Adler bleibt nichts anderes übrig, als die Verwegenheit der Entführung zu verteidigen:

> Nun tränkt aus nektarischem Becher
> Der Jüngling die ewigen Zecher;
> Nie bräunt sich die Wange der Jugend,
> So endlos die Zeit auch enteilt.[16]

Wollte August Wilhelm Schlegel, der Weimar verlassen und sich aufs Schloß Coppet zurückgezogen hatte, damit vielleicht sagen, daß die Unsterblichkeit nicht durch die Generationenfolge erlangt wird, sondern vielmehr das Ergebnis einer unerwarteten Gewalt ist? Und daß derjenige Glück hat, der ihr nachgibt?

Nein, der Schwan, selbst wenn er Zeus seine Federn leiht, ist gewiß kein Tier, das nach Unsterblichkeit strebt. Das lehrte schon Xenophon, als er an das Schicksal der sterblichen Frauen erinnerte, die von Jupiter geliebt worden waren. Er kann nicht schwimmen, sein Element ist nicht die Luft, der Vater Äther, sondern das feuchte Reich, dicht an der Grenze zu den unterirdischen Mächten. Ein Bezirk stiller Träume, und dennoch eine symbolische Domäne, offen für die männliche Eroberung. Die rebellische Modernität, die das Zeichen der Luft mit jenem des Wassers verbindet, findet sich in einem Gedicht, das Madame de Staël noch nicht kennen konnte, weil es erst zwanzig Jahre nach ihrem Tode geschrieben wurde:

> O, springen möcht' ich hinein alsbald,
> Recht in die tobende Meute,
> Und jagen durch den korallenen Wald
> Das Walroß, die lustige Beute!

> Oh, sitzend möcht ich im kämpfenden Schiff,
> Das Steuerruder ergreifen
> Und zischend über das brandende Riff
> Wie eine Seemöwe streifen.[17]

Annette von Droste-Hülshoff, gefangen in der Erziehung ihres west-fälischen Schlosses, wählte als Wappentier die Möwe, Bild ihrer Sehn-sucht nach Leben und Freiheit.

Es verwundert kaum, daß ein Germanistikstudent der Universität Heidelberg, der in den zwanziger Jahren einen von Goethes *Werther* inspirierten Roman, *Michael*, eine Art perverser *éducation sentimentale* zur Politik und zum Tode schrieb, der Dichtung der schüchternen Baronin huldigte. Der von ehrgeiziger Unruhe getriebene Held des Romans von Joseph Goebbels reist nach einem Besuch bei der Freundin in Münster, auch einer Verehrerin der Annette von Droste-Hülshoff, zur Meersburg und notiert in seinem Tagebuch:

13. Juni: Ich sehe ihre Zimmer im Schloß. Hier schwebt noch ein Duft von derber Jungfräulichkeit. Ich schaue vom Balkon über den See [...]. Hier mag sie oft gestanden haben und mit sehnsüchtigen Augen nach den weißen Schweizer Bergen gegangen sein.

14. Juni: Hier will ich ein paar Tage ausruhen. [...] Das Andenken an einen Menschen, der hier lebte und dichtete, tröstet mich [...] Mein Wille ist Gott und der Wille liebt Gott.

Mein Gott ist ein Gott der Stärke. Er mag nicht [...] das entehrende Krie-chen der Menge.

Ich stehe vor ihm stolz erhabenen Hauptes, wie er mich erschaffen. Der wahre Deutsche bleibt Zeit seines Lebens ein Gottsucher.

15. Juni: Ich habe einen Strauß Feldblumen auf Annettens Grab gelegt.[18]

Mehr als ihre Seemöwe war es vielleicht die Größe des Walrosses, die mythische Kraft des Tieres, das es »durch den korallenen Wald« zu jagen galt, die Goebbels beeindruckt haben mag. Der wahre Deutsche, unfrommer Gottsucher und Propagandaminister des Reiches, liebte weiterhin die Möwe, mehr jedoch die Tschechows als jene Annettens, wenn junge Schauspielerinnen sie später auf der Bühne spielten. Nein, weder der Schwan noch die Möwe konnten dem Adler sein Feld auf den Wappen und Fahnen, der vergoldeten Glorie der Uniformen strei-tig machen. Kein anderer Raubvogel aus der Welt der Wolken kannte ein solches zweideutiges Schicksal. Als Sinnbild des Stolzes verweist er auf das Universum männlichen Ehrgeizes der politischen und natio-nalen Macht; aber er ist zugleich ikonographisches Attribut des Intel-lekts und des Geistes, wie es schon bei dem alten Cesare Ripa dargestellt ist. Nach der Französischen Revolution bleiben die beiden Kräfte ge-trennt, zwei Köpfe eines geschichtslosen Körpers, der sie nicht zu ver-einen weiß.

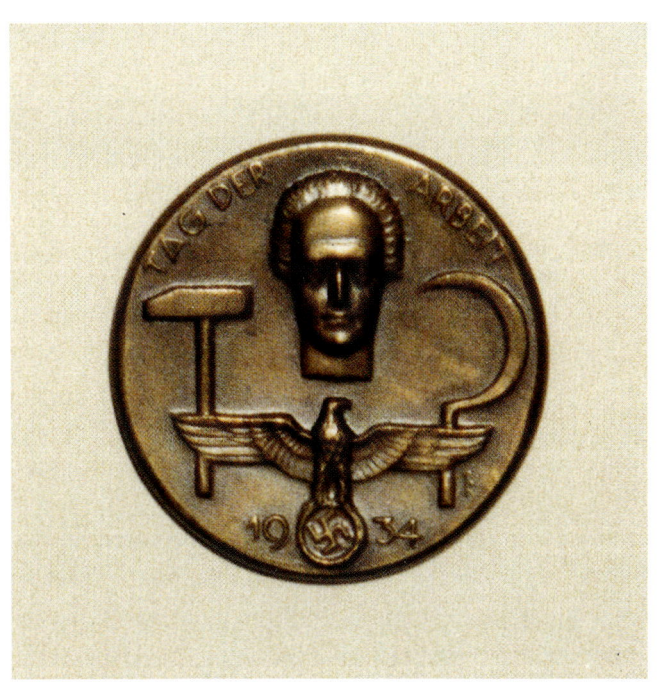

38 Goethe-Medaille, *Tag der Arbeit 1934.* Gedenkstätte Buchenwald

Die Metapher vom kühnen Flug inspirierte die Zeitgenossen, die ihren großen Dichter Goethe mit Jupiter und dessen Herrschaftsattribut, dem Adler, gleichsetzten, wie auf einer ihm gewidmeten Medaille: Eine glorreiche Ikonologie, der auch das Nazi-Regime treu bleiben sollte. Auf einer Medaille aus Anlaß der Feierlichkeiten zum 1. Mai 1934 (Tag der Arbeit) ist Goethe zwischen Hammer und Sichel dargestellt, während darunter ein Adler das Hakenkreuz umkrallt *(Abb. 38)*. Der figurative Einfall der Amerikanerin Nancy Spero kann auch als Anklage an die Perversion dieses Bildgebrauches gelesen werden: In ihrer *War sequence (Abb. 39)* werden Körper und Flügel des Raubvogels in ein Hakenkreuz verwandelt. Ließ sich Goethes Adler so leicht mißbrauchen?

»Man sagte von dem sitzenden Jupiter des Phidias zu Olympia, daß er das Dachgewölbe des Tempels zersprengen würde, wenn er einmal plötzlich aufstünde.«[19]

39 Nancy Spero, *Canopic Son, Swastica eagle.* 1967

»Dies war ganz die Lage Goethes zu Weimar«, erklärte Heinrich Heine nachsichtig und spöttisch den Franzosen nach der Juli-Revolution 1830, in der Absicht, die Urteile von Madame de Staël richtigzustellen:

wenn er aus seiner stillsitzenden Ruhe einmal plötzlich in die Höhe gefahren wäre, er hätte den Staatsgiebel durchbrochen, oder, was noch wahrscheinlicher, er hätte sich daran den Kopf zerstoßen. [...] Der deutsche Jupiter blieb ruhig sitzen, [er erhebt sich nicht, um Fichte oder Herder zu helfen] und ließ sich ruhig anbeten und beräuchern.[20]

Der Olympier verzichtete nicht darauf, die aristokratische Macht im bürgerlichen Gewand darzustellen, und während er die Unbotmäßigkeit des Wissens der theoretischen Neugier seines Faust überantwortete, verteidigte er sich auf dem Theater vor dem Despotismus der politischen Wirklichkeit mit der Melancholie Tassos. Er gönnte seinem Genie die häusliche Vertrautheit mit den mythologischen Figuren, die sich in Weimar in inspirierende Gegenstände für die *Preisaufgaben für bildende Künstler* verwandeln ließen.

Ganymed, ein Gefährte der Dioskuren, konnte so ein Bewohner des deutschen Olymps werden, geeignet, das ästhetische und symbolische

94

Gedächtnis und die hierarchische Ordnung der Imagination zu bewahren. Die Figur des in den Himmel aufgenommenen Jünglings, verwandt mit dem von Cochin für die *Encyclopédie* gezeichneten Genius und mit jenem, den Lessing als Schlafes Bruder gegen die Angst vor dem Tode heraufbeschwor, wurde eine moderne Ikone. Für eine männliche Gesellschaft im Zeitalter nach Winckelmann wirkte er als zuverlässigere Projektion als die Venus Pudica oder die Anadyomene mit ihren feuchten, durchsichtigen Schleiern, in denen sich der Schnabel des Adlers auch hätte verfangen können.

Der Herzog sagte mir auf eine sehr freundliche Weise: »Du bist willkommen, siehe dieses Kästchen ... eröffne es und laß uns sehen, was es enthält!« – Als ich das Kästchen sogleich eröffnet hatte, sagte ich zum Herzog: »Gnädiger Herr! Das ist eine Figur von griechischem Marmor, die Gestalt eines Kindes, wundersam gearbeitet. Ich erinnere mich nicht, unter den Altertümern ein so

40 Benvenuto Cellini, *Ganimede*.
Um 1530. Museo del Bargello,
Firenze

95

schönes Werk und von so vollkommener Manier gesehen zu haben; deswegen biete ich mich an, zu dieser verstümmelten Figur den Kopf, die Arme und die Füße zu machen, und ich will einen Adler dazu verfertigen, damit man das Bild einen Ganymed nennen kann.«[21] *(Abb. 40)*

Der Herzog war nicht Karl August, sondern Cosimo I. de Medici, und Goethe leiht Benvenuto Cellini in der Übersetzung der *Vita* seine Sprache, um die Entstehung des *Ganymed* zu erzählen, der dieselbe Faszination auszuüben schien wie – in der *Italienischen Reise – Zeus und Ganymed* von Mengs. Für Cosimo I. war die Liebe Jupiters zu Ganymed eine politische Fabel; sie sollte als Symbol des legitimen Anspruchs einer absoluten Herrschaft unter göttlichem Schutz auf dem Wandteppich dargestellt werden, den er Benvenuto Cellini für den Saal der »Amori di Giove« im Palazzo Vecchio in Florenz in Auftrag gegeben hatte. Der Ganymed von Benvenuto Cellini erreichte als verkleinerte moderne Plastik aus Black-Basalt 1774 *(Abb. 41)* sogar das Schloß Wörlitz. Fürst Franz von Anhalt-Dessau hatte den »Ganymede, from the Florentine

41 Ganymed mit dem Adler, nach Benvenuto Cellini verkleinerte Kopie 1774. Black Basaltes, Wedgwood-Fabrik. Schloß Wörlitz

42 Berthel Thorwaldsen nach Praxiteles, *Ganymed*. O. d. Alter Bestand Herzogin Anna Amalia Bibliothek. Jetzt Goethe-Nationalmuseum, Weimar

Museum«, $^3/_4$ inch hoch, aus dem Katalog der Etruria-Fabrik von Josiah Wedgwood Bentley für sein Landhaus bestellt. Goethe wartete länger auf einen modernen Ganymed, den sein Herzog nach Weimar hatte kommen lassen.

Am 22. Februar 1828 richtete er an Karl August die Bitte, Thorwaldsens *Ganymed (Abb. 42)* zu sich nach Hause bringen zu lassen:

»[...] nur auf Zeit, da ich das wichtige Gebilde zu Hause zu jeder Zeit, bey gutem Licht und Stimmung betrachten könnte. Verzeihung dieses Ansuchens, wozu mich eine neuerwachte Kunstbegierde treibt«. Und später: »Bey dem günstigen Sonnenschein der gestrigen Mittagsstunde durfte ich mich nicht länger enthalten, dem benachbarten jungen Halbgotte meine schuldige Aufwartung zu machen; auch ward ich nicht wenig für meine Schritte belohnt, als ich ihn ganz allerliebst und seinen Anblick höchst ergötzlich fand. Die neueste Zeit hat alle Ehre von diesem Erzeugnis.«[22]

43   Gerhard von Kügelgen, *Ganymed*. O. d. Stiftung Weimarer Klassik

Ganymed, der Anti-Prometheus, bleibt der Mittler in einem erreich-
baren Olymp.

Die dem romantischen Klassizismus von Asmus Jakob Carstens nahe-
stehenden deutschen Künstler zwischen Rom und Dresden wählten die
Figur des mythischen Mundschenks als Emblem des Wunsches, im
Leben oder nach dem Tode an himmlischen Tafelfreuden teilzuhaben.
Gerhard von Kügelgen stellte eine dunkle, von Blitzen zerfurchte Erde
und den freien Flug des Ganymed mit erhobenen, über die Flügel des

Adlers gestreckten Armen dar *(Abb. 43)*, in der Freude, die Finsternis und die irdischen Zwänge überwunden zu haben. Der dänische Bildhauer Berthel Thorwaldsen, der sich häufig im Kloster Sant'Isidoro aufhielt und mit der Bruderschaft der deutschen Maler in Rom verbunden war[23], lehnte sich an antike Vorbilder an, wie sie auch von Hederich in seinem *Mythologischen Lexikon* nach den von Anton Francesco Gori geschnittenen Gemmen im Museum Florentinum beschrieben wurden. Sein erster Ganymed (1817) ist ein freundlicher Jüngling, Bruder eines trauernden Eros von Canova, der die Becher bereitstellt und den Adler Jupiters nährt. Für Friedrich Hebbel, der sich zwischen Winter und Frühling der Jahre 1841/42 in Kopenhagen um die Gunst des Königs Christian von Dänemark bemühte, wurde die Plastik von Thorwaldsen *(Abb. 44)* zu seiner ersten ästhetischen Erfahrung, und der rastlose Dichter widmete dem Marmorknaben ein Gedicht von leiser, verständnisvoller Ironie: »Knabe, süßer, wunderbarer«.

Ihm schien die Dauer, in der der unbewegliche Jüngling dem arroganten und prätentiösen Adler diente, als verlorene Zeit:

44 Berthel Thorwaldsen, *Ganymed, der den Adler tränkt.* 1817. Museum Thorwaldsen, Kopenhagen

Sorgsam tränkst du und aesthetisch
Wenn auch gelangweilt,
Hier den Aar, der gravitätisch
Schmaus't und wenig sich beeilt.
Mancher würde ungeduldig,
Und er hätte Grund genug,
Doch du denkst: ich bin's ihm schuldig,
Weil er zum Olymp mich trug.
[...]
Auf, mein Vogel, dienstbeflissen!
Wie du auch das Auge rollst!
Du, o Knabe, wirst schon wissen
Wo du dich erholen sollst![24]

Die Beflissenheit ist nicht unbedeutend in einer Zeit protestantischer Lehrer und Pastoren auf der Suche nach Patrizierhäusern, von armen Aristokraten im Gefolge nicht immer siegreicher Armeen und Heere. Die Dankbarkeit Ganymeds, der höher aufgestiegen ist, hat sehr wohl ihre Gründe.

In dieser Haltung, niederkniend und dankbar, wird er von Karl Friedrich Schinkel mit der gleichen vertrauten Liebenswürdigkeit dargestellt, die den Ruhm der Apotheose verdrängt hat, Vorbild für die Erhebung in den Himmel der römischen Kaiser im Dienste eines Hofes, der auch im Leben und auf Erden regiert. Der Architekt von Friedrich Wilhelm IV. von Preußen[25] reduziert die Figur des Mythos auf eine ornamentale Szene von anmutigem Gehorsam. Sein Ganymed ist ein williger Kadett im Dienst, der für das Wohlergehen der Tiere – heraldisch oder auch nicht – des Hofes sorgt, wobei er an einem Ort mit klassischer Konnotation erscheint: auf einer Wand der römischen Bäder im Park von Sanssouci (Abb. 45).

Er ist ein ergebener Günstling Jupiters, ohne Erinnerung an den Raub. Er genießt das Privileg, im Olymp zu wohnen, eine ferne Widerspiegelung des Archetypus im Platonischen Dialog, und überlebt nicht weit von dem »Ganymed« oder dem »betenden Knaben aus Rhodos« in der Sphäre männlicher und militärischer Solidarität als Zitat und pädagogisches Identifikationsangebot.

Um Phaidros seine Theorie der Seele und der Liebe zu erklären, läßt Plato Sokrates das Wort *himeros* verwenden, »Liebreiz«, was Eros und Pathos zugleich bedeutet:

Läßt er ihn nun so eine Zeitlang gewähren und ist ihm nahe, dann ergießt sich bei den Berührungen auf den Übungsplätzen, und wo sie sonst zusammen-

45   Karl Friedrich Schinkel, *Ganymed*. 1829-1837. Römische Bäder, Sanssouci

kommen, die Quelle jenes Stromes, den Zeus, als er den Ganymedes liebte, Liebreiz nannte, reichlich gegen den Liebhaber, und teils strömt sie in ihn ein, teils von ihm, dem Angefüllten wieder heraus. [...].[26]

Die Ausströmung »befeuchtet reichlich die dem Gefieder bestimmten Ausgänge, treibt so dessen Wachstum und erfüllt auch des Geliebten Seele mit Liebe«. Sie gibt ihr die Kraft, sich in die Höhe zu schwingen.

Die schöne Fabel der Sublimation verändert – je nach Epoche – ihr Zeichen und ihren symbolischen Wert. Gustav von Aschenbach, dessen Lust nach Verführung an das Schreiben gebunden ist, erzählt sie noch einmal dem Knaben Tadzio, Ganymed an der Grenze zum anderen Reich, in dem sich das Leben – nun dem Tode entzogen – in seine ästhetische Form verwandelt. Im *Tod in Venedig* ist die Sinnenlust, der Wunsch nach Beute, zugleich der Wunsch nach Höhe, nach Verwandlung die für den schriftstellerischen Ehrgeiz glücklichste, wenn die Materie vom Strom des Eros in das Licht des Logos getragen wird.

Und zwar ging sein Verlangen dahin, in Tadzios Gegenwart zu arbeiten, beim Schreiben den Wuchs des Knaben zum Muster zu nehmen, seinen Stil den Linien dieses Körpers folgen zu lassen, der ihm göttlich schien, und seine Schönheit ins Geistige zu tragen, wie der Adler einst den troischen Hirten zum Äther trug. Nie hatte er die Lust des Wortes süßer empfunden, nie so gewußt, daß Eros im Worte sei [...][27]

Die süße Lust, die erotische Projektion sind Bedingungen für die Verwandlung:

Es haben nämlich einige Homeriden, wie ich glaube – erklärt Sokrates dem jungen Phaidros den Unterschied der Worte, die Menschen und Unsterbliche gebrauchen – unter ihren unbekannten Gedichten zwei Verse auf die Liebe, von denen der eine sehr leichtfertig und gar nicht eben wohllautend ist. Sie singen nämlich so: Sterblichen nun heißt dieser der Gott der geflügelten Liebe: Göttern der Flügler (Pteros), dieweil er mit Macht das Gefieder heraustreibt.[28]

Der Fluß des Liebreizes bricht sich nicht nur an den Stränden des Lido, sondern auch an den Ufern des *Gefesselten Stroms*, in dem Gedicht *Ganymed*, das Friedrich Hölderlin 1801, dreißig Jahre nach Goethe, schrieb[29]:

> Was schläfst du, Bergsohn, liegest in Unmut, schief,
> Und frierst am kahlen Ufer, Gedultiger!
> Denkst nicht der Gnade du, wenn's an den
> Tischen die Himmlischen sonst gedürstet?
>
> Kennst drunten du vom Vater die Boten nicht,
> Nicht in der Kluft der Lüfte geschärfter Spiel?[30]

Sein Zeichen ist jenes des Wassers, nicht das der Luft.

Strom ist dem Gedächtnis der großen Flüsse von Rousseau nicht fern, ist aber auch das Wort von Friedrich Schleiermacher, mit dem er in seiner modernen, nicht nur romantischen Version der Dialoge Platos, im Phaidros, »rheumatos«, die Quelle der Liebe Jupiters zu Ganymed, übersetzt.[31]

In der ersten Fassung des Gedichtes ist der vom winterlichen Eis gefangene Fluß Ozeans Sohn, ein *Göttersohn*, und die Frühlingswärme läßt ihn in die Arme des Vaters zurückkehren. In der zweiten Fassung ist der Jüngling sterblich, einfach *Bergsohn*: die Boten des Vaters suchen ihn, um ihn von der Erde zum himmlischen Wohnsitz der Genien zu rufen.[32]

> [...] Der ist aber ferne; nicht mehr dabei.
>   Irr ging er nun; denn allzugut sind
>   Genien; himmlisch Gespräch ist sein nun.[33]

Der nun erwachte Jüngling vernimmt Ruf und Berufung, die mit dem Drang nach Willensfreiheit und nach dionysischer Gewalt über ihn hereinbricht. Der Strom-Knabe »reinigt« sich im Zorn: die neue Konnotation läßt ihn als Auserwählten erkennen und verwandelt den Winterschlaf in jenen *furor divinus*, der ihn fern der platonischen Heimat auf Erden zum Fremdling macht. Er stößt auf Hindernisse, doch erst deren Existenz kann das Bild der Liebe widerspiegeln. »[...] und wie ein Wind oder ein Schall von glatten und starren Körpern abprallend wieder dahin woher es kam, zurückgetrieben wird, so geht auch die Ausströmung der Schönheit wieder in den Schönen« (*Phaidros*, 255 c). Hölderlins Ganymed ist aber fern der Ordnung der »Übungsplätze«, »spottet der Schlacken«, und der Frühling vermag ihn nicht zu halten.

> Und nimmt und bricht und wirft die Zerbrochenen
>   Zorntrunken, spielend, dort und da zum
>   Schauenden Ufer und bei des Fremdlings
>
> Besondrer Stimme stehen die Herden auf,
>   Es regen sich die Wälder, es hört tief Land
>   Den Stromgeist fern, und schauernd regt im
>   Nabel der Erde der Geist sich wieder.[34]

Das neue Wort *Stromgeist*, der Stromgeist der Liebe, ist für den Pindar-Übersetzer Hölderlin Dämon, Genius. Die hermeneutische Versuchung, aus ihm einen »Genius der Tat« zu machen, war vom »Zeitgeist« inspiriert. Die besondere Stimme des Fremdlings hat als natürlicher Ruf und Befehl die neue Macht erworben, Unterwerfung, Gehorsam von den Herden zu fordern.

Das für jede Rückkehr in die väterlichen Arme mythische Urbild ist für den jungen Goethe der Ganymed-Mythos. Für Hölderlin wird er zur Identifikationsfigur, Seelenchiffre, Furcht davor, die Höhen zu bewohnen. In seiner Hymne *An den Aether* wünscht er, daß sich für ihn das Schicksal Ganymeds wiederhole:

> [...] wie die freundliche Heimat
> Winkt es von oben herab und auf die Gipfel der Alpen
> Möcht' ich wandern und rufen von da dem eilenden Adler,
> Daß er, wie einst in die Arme des Zeus den seligen Knaben,
> Aus der Gefangenschaft in des Aethers Halle mich trage.[35]

In Erwartung der legitimen Erlösung durchläuft der Sohn ohne wirklichen Vater nochmals die Parabel vom mythischen Vater:

Der Urahn aber
Ist geflogen über der See
Scharfsinnend und es wundert sich
Des Königs goldnes Haupt
Ob dem Geheimnis der Wasser.[36]

Die Figuren Hölderlins werden auf den Flügeln des Adlers emporgehoben, und ist es nicht der Vater, der seine Boten schickt, sondern Herkules als in den Olymp aufgenommener Sterblicher, der an seine Stelle tritt:

Was ergriff und zog vom Schwarme
der Gespielen mich hervor?[37]

Der Halbgott mit der schönen Seele vollbringt das Wunder der Auserwählung:

»Dank, mein Herkules!« Den Knaben
Hast zum Manne du gemacht,
Reif bin ich zum Königssitze

Nur die Flügel des Adlers können ihn der Schwerkraft der Erde entziehen:

Wie der Adler seine Jungen
Wenn der Funk im Auge klimmt,
Auf die kühnen Wanderungen
In den frohen Aether nimmt,
Nimmst du aus der Kinderwiege,
Von der Mutter Tisch und Haus
In die Flamme deiner Kriege,
Hoher Halbgott, mich hinaus.

Der wahlverwandtschaftliche Anspruch auf eine himmlische Genealogie versichert demjenigen, der die göttlich auferlegte, mühevolle Prüfung auf sich genommen und bestanden hat, die Unsterblichkeit:

Der Olymp ist deine Beute
Komm und teil sie mit mir!

Die Wirklichkeit der Entfremdung hat ihr schmerzvolles Maß im mythischen, imaginativen Gedächtnis, sie fingiert Omnipotenz, verläßt
die schwachen Gehege des Ichs, in denen man auf Erden täglich ver-
lieren und nur einer gewinnen kann:

> Was erzog dem Siege mich?
> Was berief den Vaterlosen,
> Der in dunkler Halle saß,
> Zu den Göttlichen und Großen,
> Daß er kühn an dir sich maß?[38]

Und dennoch, am Ende des Fluges des Adlers beschwor das Orakel
eine dunkle Vorahnung von Gefangensein herauf:

> Denn wo die Augen zugedeckt
> Und gebunden die Füße sind,
> Du wirst es finden[39]

Wenn die Sprache der Dichtung den Anspruch erheben kann, einen
Platz im Olymp mit einem Halbgott zu teilen, kann ihre Übertragung
in das nationale Bewußtsein nicht den *faux amis*[40] entkommen, jenen
Worten, die mißverstanden im Dienste der Zweideutigkeit und der
Mystifizierung stehen.

Im historischen Abstand von zwei Jahrhunderten, in denen Deutschland versucht hat, den Äther und die darunterliegenden Gipfel zu er-
obern, deckt das Potential des Mythos seine tragische – nicht nur ästhetische – Ambivalenz auf. Das Streben des Geistes und der Haß gegen
das Niedrige kann sich jederzeit in den Anspruch auf Auserwähltheit
und Herrschaft umkehren.

Als Zeus ihn entführte, so berichten einige Mythographen, weidete
Ganymed die Herden seines Vaters: in den Gedichten von Goethe und
Hölderlin wird der schöne Hirtenknabe in einen neuen Archetypus
verwandelt, in einen unsterblichen Jüngling, der sich – fern den irdi-
schen Niederungen – im Besitz einer legitimen Macht weiß. Ein Anti-
Ödipus in einem Mutterland, das nicht mehr Mutter und noch nicht
Heimat ist.

1 Johann Wolfgang Goethe, *Faust. Der Tragödie zweiter Theil, IV. Auf dem Vorgebirg*, hrsg. von Albrecht Schöne, Frankfurt a. M. 1994, S. 411.

2 *Ibid.*

3 *Ibid.*

4 Adolph von Menzel und Franz Kugler, *Geschichte Friedrichs des Großen*, Berlin 1842. Die Zeichnung illustriert das dritte Buch: *Heldenthum*. Vgl. Abb. 33.

5 Heinrich Heine, *Deutschland. Ein Wintermärchen*, Caput IV, in *Sämtliche Schriften*, hrsg. von Klaus Briegleb, München 1971, Bd. IV, S. 583.

6 Zur Geschichte des Adlers als Nationalsymbol vgl. Hans Hattenhauer, *Deutsche Nationalsymbole. Zeichen und Bedeutung*, München 1984, S. 72 ff. Unter dem Stichwort *Adler*, in *Handwörterbuch des deutschen Aberglaubens*, Bd. I, Berlin 1927-87, sind die Bräuche, die Glaubensformen und die Überlieferung des an den Adler gebundenen Aberglaubens aufgeführt. So liest man u. a.: »Ein Rechtsbrauch grausamster Art ist das Adler-(auch Eule-)Schneiden des germanischen Nordens, das darin bestand, daß einem besiegten Feinde in den Rücken Einschnitte in Gestalt eines Adlers gemacht und flügelartig aufgerissen wurden.« (S. 189)

7 Im 24. Gesang der *Ilias* ruft Priamos, bevor er von Achill den Leichnam Hektors fordert, Zeus an, »daß er den Adler entsende, den fliegenden Boten, den Vogel, der ihm lieb vor andern, an Kraft vor allen hervorragt«. Für die Bedeutung des Adlers in den verschiedenen Religionen s. A. F. Pauly/G. Wissowa, *Real-Encyclopädie*, Stuttgart 1894; die Handbücher der Symbole und Embleme, wie z. B. E. Droulers, *Dictionnaire des attributs, allégories, emblèmes et symboles*, Turnhout o. J.; J. Chevalier/A. Gheerbrant, *Dictionnaire des symboles*, Paris 1969; etc.

8 Vgl. *Corpus der Goethe-Zeichnungen*, Bd. IV B, Nr. 1-271: *Nachitalienische Zeichnungen 1788 bis 1829*, hrsg. von Gerhard Femmel, Leipzig 1968.

9 In *Goethes Werke*, Hamburger Ausgabe, a.a.O., Bd. I, S. 57.

10 Goethe, *Faust. Erster Theil, Vor dem Tor*, in *Goethes Werke*, Hamburger Ausgabe, a.a.O., S. 40.

11 Gotthold Ephraim Lessing, *Der Adler*, in *Sämtliche Schriften*, hrsg. von Karl Lachmann und Franz Muncker, Bd. I, Stuttgart 1886, S. 228.

12 Im Ausstellungskatalog der *documenta V*, Kassel 1972, zeigte Marcel Broodthears, in Anlehnung an Magrittes provokativen Surrealismus, eine Sektion, die dem Bild des Adlers in der Werbung und im politischen Leben, »Museé d'Art moderne, Département des Aigles, fondé à Bruxelles 1968«, gewidmet ist. »Dieses Museum ist frei erfunden. Einmal spielt es die Rolle der politischen Parodie künstlerischer Äußerungen und zum andern die Rolle der künstlerischen Parodie der politischen Ereignisse.« Der Beginn seiner ikonographischen Untersuchungen hat seinen Ursprung im Klima von 1968. Irritation und Ironie verbinden sich in dem Bilderrepertoire, dem das Autoritätssymbol entnommen wurde, um für die gute Qualität der angebotenen Ware

zu werben. Bei der *documenta X*, 1997, wurde dieser Gedanke als Rückschau wiederaufgenommen: gezeigt wurden Bilder und Embleme der Werbung neben bizarren Adlerdarstellungen, Tiertotems und apotropäischen Vögeln, auf Gegenständen männlichen und militärischen Rituals und Kitsches; Marcel Broodthears: *Musée d'Art moderne, Section des Figures*. Zur Deutung des künstlichen Adlersymbols wird in diesem Zusammenhang nur zu gern Heidegger zitiert, siehe Rainer Borgemeister, *Section des Figures – Der Adler vom Oligozön bis heute*, in Marcel Broodthears, *Writing, Interviews, Photographie*, hrsg. von Benjamin Buchloh, London 1988, und den Katalog *Materialien der documenta X*, Kassel 1997.

13 Madame de Staël, *Über Deutschland*, a.a.O., Kap. XIII: *Von der deutschen Poesie*, S. 225. – Die Exemplare des ersten Drucks ließ Napoleon beschlagnahmen, die nächste Auflage erschien in London 1813 in der Zeit des Exils der Autorin.

14 »Hereux celui qui peut d'une aile vigoureuse / S'elancer vers les champs lumineux et sereins«. Charles Baudelaire, *Élevation*, in *Les Fleurs du mal*, in œuvres complètes, ed. Claude Pichois, Paris 1961, S. 10.

15 *Ganymed as Symbol of Misogyny:* James M. Saslow durchläuft eine kurze Geschichte der klassischen Zitate und setzt sich mit der Anklage Orpheus an Eurydike im *Orfeo* von Poliziano auseinander und mit seinem mythologischen Alibi der Liebe Jupiters zu Ganymed, um den Topos von der maskierten Konkurrenz (die zwischen Hebe und Ganymed) in der Liebestheorie der Renaissance nachzuweisen. *Ganymede in the Renaissance*, a.a.O., S. 120-125.

16 *Lebensmelodien*. Die Gedichte befinden sich in einem noch im Schloß Coppet verwahrten Exemplar, das wahrscheinlich August Wilhelm Schlegel Madame de Staël geschenkt hatte, *Gedichte*, Tübingen 1800.

17 Annette von Droste-Hülshoff, *Am Turme*, in *Sämtliche Werke in zwei Bänden*. Nach dem Text der Originaldrucke und der Handschriften, hrsg. von Günther Weydt und Winfried Woesler, München 1973, Bd. I, S. 68.

18 Joseph Goebbels, *Michael – Ein deutsches Schicksal in Tagebuchblättern*, Zentralverlag der NSDAP, München 1937, S. 30-33. Der Roman wurde 1921 geschrieben, 1929 zum ersten Mal veröffentlicht, in den dreißiger Jahren Schullektüre für Jugendliche. Stephen Spender, dem 1945 die Aufgabe übertragen wurde, die öffentlichen Bibliotheken in Deutschland von Nazi-Büchern, die Schaden anrichten könnten, zu »reinigen«, wunderte sich, daß der *Michael* nach wie vor in den Jahren zwischen 1940 und 1943 gelesen wurde. Er schrieb in *European Witness*, New York 1946: »Wäre ein Buch wie der *Michael* als Dokument erschienen, das ein gewöhnlicher Mörder verfaßt hätte, hätte es bei Kriminalisten und beim Publikum für ziemliches Aufsehen gesorgt. Über dieses Buch, dessen Verfasser einer der größten Mörder der Geschichte ist, wurde außerhalb Deutschlands noch nicht debattiert.« Die ersten Hinweise auf das Buch, bei denen es hauptsächlich darum ging, die germanistische Verbindung zu Goethe aufzuzeigen, fanden sich in einer deutschen Zeitschrift zum Unterricht in den Schulen: Marianne Bonwit, *Michael, ein Roman von Joseph Goebbels*

im Licht der deutschen Tradition, in »Monatshefe für deutschen Unterricht, deutsche Sprache und Literatur«, 49, 1957. Nicht einmal George Mosse bedient sich der Figur des Michael, um ein Gegenlicht auf seine Abhandlung *The Image of Men – The Creation of Modern Masculinity*, New York–Oxford 1996, zu werfen. Klaus Theweleit dagegen, der in seinen *Männerphantasien 2 – Männerkörper. Zur Psychoanalyse des weißen Terrors*, Basel–Frankfurt a.M. 1978, das Bild des soldatischen Mannes, der Kadetten, Politiker und Generäle rekonstruiert, legt seinen Schwerpunkt mehr auf die populistische Ideologie als auf die Aspekte der männlichen Omnipotenz.

19 Heinrich Heine, *Zur Geschichte der Religion und Philosophie in Deutschland*, III. Buch, in *Sämtliche Schriften*, hrsg. von Klaus Briegleb, Bd. III, München 1971, S. 620.

20 *Ibid.*

21 Leben des Benvenuto Cellini, florentinischen Goldschmieds und Bildhauers, von ihm selbst geschrieben, übersetzt und mit einem Anhang herausgegeben von Johann Wolfgang Goethe, Viertes Buch, Fünftes Kapitel, in Weimarer Ausgabe, a.a.O., Bd. I, 43, S. 190-191.

22 *Goethes Werke*, Weimarer Ausgabe, Bd. IV, 43, S. 286f. und S. 289.

23 Vgl. Erik Forssman, *Thorwaldsen und Cornelius*, in *Berthel Thorwaldsen. Untersuchungen zu seinem Werk und zur Kunst seiner Zeit*, Ausstellungskatalog, Köln 1977, S. 203-212.

24 Friedrich Hebbel, *Thorwaldsens Ganymed und der Adler*, in *Sämtliche Werke*, hrsg. von Richard Maria Werner, Bd. VI, Berlin 1913, S. 281.

25 Vgl. Toma Babovic/Birgit Hanke, *Auf Schinkels Spuren*, Hamburg 1993.

26 Plato, *Phaidros* 255b-c, in *Werke*, hrsg. von Gunther Eigler, Bd. V, Darmstadt 1981, S. 104ff.

27 Thomas Mann, *Der Tod in Venedig*, in *Gesammelte Werke*, Bd. IX, Berlin und Weimar 1965, S. 504.

28 Plato, *Phaidros*, 25b, a.a.O., S. 94.

29 Friedrich Hölderlin, *Der gefesselte Strom, Ganymed*, in *Sämtliche Werke und Briefe*, hrsg. von Jochen Schmidt, Bd. I, *Gedichte*, Frankfurt a.M. 1992, S. 304-305, 319.

30 Hölderlin, *Ganymed, ibid.*, S. 319.

31 Plato, *Phaidros*, 255c, übersetzt von Friedrich Schleiermacher, in *Werke*, a.a.O., Bd. V, S. 105-107. Am 10.Oktober 1794 schrieb Hölderlin an Carl von Dalberg: »Vielleicht kann ich dir meine Arbeit über ästhetische Gedanken schicken, denn sie könnte als Kommentar zu Platons *Phaidros* gelten.« Friedrich Hölderlin, *Sämtliche Werke*, Stuttgarter Ausgabe, Stuttgart 1943 ff., Bd. VI, S. 137. Schleiermacher kannte gewiß den Kommentar von Hölderlin. Vgl. *Hölderlin zum 200.Geburtstag*, Marbacher Ausstellungskatalog, Stuttgart 1970.

32 Die Germanistik verwendet gern den Ausdruck *ganymedischer Jüngling*. Auf den Gegensatz von harten Gegenständen und organischem Leben besteht Alfred Romain, *Ganymed*, in *Hölderlin-Jahrbuch*, Tübingen 1952. Vgl. auch

Jochen Schmidt, *Hölderlins später Widerruf in den Oden Chiron, Blödigkeit und Ganymed*, in *Studien zur deutschen Literatur* 57, Tübingen 1978.

33 Hölderlin, *Ganymed*, in *Gedichte*, a. a. O., S. 319.

34 *Ibid.*

35 Hölderlin, *An den Aether*, in *Gesammelte Werke*, hrsg. von Friedrich Seebass und Hermann Kasack, Bd. 1, Potsdam 1922, S. 111.

36 Id., *Der Adler*, a. a. O., S. 264.

37 Id., *An Herkules*, in *Sämtliche Werke*, Kleine Stuttgarter Ausgabe, hrsg. von Friedrich Beißner, Bd. 1, Stuttgart 1946, S. 205.

38 *Ibid.*

39 Hölderlin, *Der Adler*, a. a. O. In einer ausführlichen Analyse einiger Motive der Dichtung Hölderlins verbindet Carl Gustav Jung im Kapitel *Das Opfer* in *Symbole der Wandlung* (Zürich 1971, S. 705-713) das Bild vom Adler, Bewohner der Welt der Archetypen, im Gedicht *Der Adler* mit dem Symbol der »Libido«: »Der Adler, Vogel der Sonne, wohnt im Dunkeln, die Libido hat sich über ihm versteckt.«

40 *Faux amis* sind »paronyme Wörter«, also solche, die in Form und Ethymologie ähnlich sind, in eine andere Sprache übertragen jedoch ihre Bedeutung vollständig verändern, wobei sie die Form bewahren; z. B. lat. *fidelis* (treu) – dt. *fidel* ursprünglich »zuverlässig«, dann »fröhlich«, »vergnügt«.

Entrückung

Wo bist Du her?
Das weiß ich nicht
Wer ist Dein Vater?
Das weiß ich nicht.
Wer sandte Dich dieses Weges?
Das weiß ich nicht
Dein Name denn?
Ich hatte viele,
doch weiß ihrer keinen mehr.

(Richard Wagner, *Parsifal*, I)

Die Deutung des Mythos, die an die Stelle der Schönheit des Objekts, der Passivität der Entführung das starke Zeichen des Liebes- und Machtbegehrens des Subjekts setzte, konnte nicht nur eine klassizistische ästhetische Wiederfindung bleiben. Ihr »pathetisches« Maß sowie ihre anthropologische Realität gestatteten neue symbolische Identifikationsmöglichkeiten.

Indem er »den eilenden Adler« anruft, erlangt Ganymed im Zeichen des Zorns das moderne Bewußtsein eines »Erwachens«, erscheint als jenes Prinzip des *Handelns*, das Fichte wenige Jahre später in seinen Jenaer Vorlesungen untersuchen wird. Es ist daher nur natürlich, daß dieser Mythos der Usurpation von Ideen und Bildern nicht entkommen konnte, in einer Zeit, die sich auf der Suche nach Führern, Propheten, Erlösern, aber auch nach devoten, leicht zu entflammenden Jüngern befand, die bereit waren, einem Meister zu folgen und nichts sehnlicher wünschten, als von ihm auserwählt, in sein Reich aufgenommen zu werden. Eine Konjugation mit unregelmäßigen Formen, bei der die Sehnsucht nach Erhöhung noch dem Opfer eines Gewalterleidenden entsprach.

Maximin hat nur kurz unter uns gelebt. Gemäss einem frühen vertrag den er geschlossen wurde er auf einen andren stern gehoben ehe seine göttlichkeit unsresgleichen geworden war. Er zog dem farbigen mannigfachen geschicke des glorreichen sterblings das erhabne stille walten der Himmlischen vor. Schon seine kinderjahre waren angefüllt mit sprengenden jenseitsgefühlen mit dem kampf wider den Unnennbaren. Zu ihm wandte er sich als dem Einzigen mit dem sich zu messen er für wert hielt · ihn bat er um prüfungen und aufgaben und flehte als Lohn in seinen sehnsüchtigen nächten um das schauen des heiligen antlitzes. Als er erfahren hatte dass Gott sich solchermaassen nicht eröffnen könne bot er ihm diesen bund an: so zeig dich mir im besten deiner sichtbaren schöpfung! gib mir Leda die geliebte! gib mir den grossen menschen den Meister! und wenn es wahr ist dass hier jeder bau fällt · jede flamme lischt · jede blume welkt: so lass mich einmal auf deine höhe treten und dann von deinem adler schnell entrissen werden![1]

Maximilian Kronberger – Maximin – starb im April 1904 im Alter von sechzehn Jahren in der Realität des Kreises des Dichter-Propheten Stefan George. Es gab wohl keinen sterblichen Jüngling, auf den der Ganymed-Mythos besser zutraf, welcher der Meister in sokratischer und neuplatonischer Treue zum Bild in den eigenen Mythos verwandelte; einer der ambivalentesten und faszinierendsten Mythen der deutschen Lyrik zu Beginn des neuen Jahrhunderts.

Entrückung lautet der Titel des letzten der Maximin-Gedichte. Die Stimme des nunmehr weit von der Erde entfernten Jünglings beschreibt seine Sicht des Aufstiegs: »Ich fühle Luft von anderem planeten«.[2] Und das in einer Zeit, in der das Flugerlebnis noch nicht bekannt war. Der Rausch, von Flügeln hoch über die Wolken getragen zu werden, zwischen Erde und Licht zu schweben, war eine kühne Sinnesvorstellung:

> Dann seh ich wie sich duftige nebel lüpfen
> In einer sonnerfüllten klaren freie
> Die nur umfängt auf fernsten bergesschlüpfen.[3]

Der Boden, seine sichere Schwere, wird nun von oben gesehen. Die weiße, weiche Schicht erscheint jetzt, wie aus dem Fenster eines Flugzeuges, als physische Wirklichkeit, begleitet von der Furcht, sich von den höchsten Gipfeln, den letzten mit der Erde verbundenen Dingen zu entfernen:

> Der boden schüttert weiss und weich wie molke
> Ich steige über schluchten ungeheuer ·
> Ich fühle wie ich über letzter wolke[4]

Die Abgründe haben dann keine Anziehungskraft mehr, wenn derjenige, der aufgestiegen ist, bereits frei von allem Übel ist. Die kosmische Auflösung wird zum mystischen Erlebnis:

In einem meer kristallnen glanzes schwimme
Ich bin ein funke nur vom heiligen feuer
Ich bin ein dröhnen nur der heiligen stimme.[5]

Die Entrückung Maximins, der den schnellen Adler herbeiwünschte, enthält eine tiefere Bedeutung als die mythologische: sie gehört demselben Universum wie Dantes Vision an. Der Funken vom heiligen Feuer und die heilige Stimme erklingen im sechsten Himmelskreis, im Jupiterhimmel des *Paradiso*, im Gesang der Seelen, die, eine jede wie ein Rubin strahlend, die Form eines Adlers bilden.

Und jede schien mir ein Rubin, in welchem
Ein Sonnenstrahl mit solchem Feuer brannte,
Daß er in meinen Augen widerstrahlte.
[...]
Er sprach ein »Ich« und »Mein« mit seiner Stimme,
Indessen er doch »Wir« und »Unser« meinte.[6]

Kein anderes Bild konnte das Ideal des George-Kreises in eine solch orakelnd-hieratische Formel übertragen, das »Ich« des Meisters und das »Wir« der Auserwählten, die sich am Wunder des kollektiven Sprechens in Gestalt von »Herrschaft und Dienst«[7] maßen. Eine Konstellation von Wahlverwandtschaften, die die Jünger des neuen Reichs, des »Geistigen Reichs«, vereinigen sollte. Eine Art des Nichterinnerns, wer die jungen, fundamentalistischen Ästheten waren, die Platons Ideal von einem Staat, der von den Besten regiert wird, verpflichtet waren: Künstler, Dichter, Professoren, die entweder durch direkte Berufung oder durch Vermittlung und Freundschaften zum Kreis gelangten. Friedrich Gundolf, leidenschaftlich entflammt für die großen Persönlichkeiten der Geschichte, Cäsar und Goethe, der »jüdische« Lehrer von Joseph Goebbels, Ernst Bertram, der im Zeichen der »Blätter für die Kunst« die mythologische Legende von Friedrich Nietzsche schrieb, die abtrünnigen Autonomen, der wegen des »Schimmels der Welt« erzürnte Ludwig Klages, Alfred Schuler, der sich als Nachgeborener der römischen Spätantike, von Petronius und Nero fühlte, sowie Karl Wolfskehl, der – wie Klages und Schuler – der »kosmischen« Runde in München angehörte. In den zwanziger Jahren dann, nach dem Bruch mit Gundolf, finden die Grafen Alexander, Berthold und Claus Schenk von Stauffenberg zu George, die späteren Hitler-Attentäter vom 20. Juli 1944.[8] Georges Gedicht *Der Widerchrist* hatte die

langsame, heimliche Rebellion gegen den erst wenige Jahre zuvor aus-
gerufenen Führer als Erlöser begleitet:

> Kein werk ist des himmels das ich euch nicht tu.
> Ein haarbreit nur fehlt · und ihr merkt nicht den trug
> Mit euren geschlagenen sinnen.

> [...]

> Der Fürst des Geziefers verbreitet sein reich ·
> Kein schatz der ihm mangelt · kein glück das ihm weicht ·
> Zu grund mit dem rest der empörer![9]

Der an eine kollektive Religiosität des Wortes und der Tradition heran-
gebildete Geist des Kreises sollte dann im Zeichen des Nationalstolzes
auch die vom Mythos der Treue und der Gerechtigkeit beherrschten
Sinne schärfen. Verletzbare Narzißten, so die moderne Kritik, mit Om-
nipotenz- und Zerstörungsphantasien, besessen vom Bedürfnis, die
Welt auf magisch-sadistische Weise zu beherrschen, schöner Geist in
schönen Körpern, in deren Innern sich Charisma mit bürgerlicher Erziehung verband, Opfer, die schwächeren und weniger aristokratischen
unter ihnen, von bürokratischen Mißverständnissen.

Bereits um 1900 hatte George damit begonnen, einige Gesänge aus
Dantes *Göttlicher Komödie* zu übertragen – eine Transpositionsarbeit,
die seine getreuen Jünger und Adepten, auch nach dem Tod des Meisters, fortführten. *Morgentraum* betitelte er die Verse des 9. Gesangs des
Fegefeuers, Vers 19-33, der Schlaf-Traum Dantes, der – wie Ganymed –
zur Pforte des *Fegefeuers* emporgetragen wird. *Der Adler über Glaube und
Heil* lautet der Titel der Übertragung der Verse 73-99 des 20. Gesangs
des *Paradiso*, worin der leuchtende Blick des Adlers auf die Frage Dantes nach der himmlischen Gerechtigkeit antwortet:

> Regnum Coelorum lässt sich vergewalten
> Von heisser liebe und von gläubigem drange
> Die sieger bleiben übers ewige schalten

> Nicht so wie mensch vor mensch erliegt dem zwange ·
> Es siegt indem es wünscht besiegt zu werden –
> Besiegt siegt es im gnadenüberschwange.[10]

Liebesgewalt als legitimes Mittel, nicht zur Überwältigung, wie es unter
den Menschen Gesetz ist, sondern um einen höheren Zwang zwischen

passivem Nachgeben und Wille zur Gnade zu schaffen. Im Abstand von vierzig Jahren kommt Thomas Mann im Exil auf die von George übersetzte Frage Dantes zurück, im Dialog zwischen seinem Doktor Faustus und dem Teufel-Theologen über Kontrition und über Gnade, und zwar in einer Zeit, in der die besiegten Deutschen für die Verbrechen an der Menschheit für schuldig erklärt wurden.

»Regnum coelorum vim patitur et violenti rapiunt illud« (Matthäus 11, 12). Die Worte des Evangeliums rechtfertigten die Gewalt aus Liebe, allerdings sollte das nicht für den Hochmut der Eroberung gelten. Raub, Entrückung, Entführung beinhalten stets eine Form von äußerer oder innerer Gewalt, wie bei der Verführung, gleich, in welcher Figur sie vollzogen wird. Es kann sogar in der äußersten Form von existentieller Gewalt geschehen: dem Tod. Der Schatten von Berthold und Claus Schenk von Stauffenberg, die nach dem gescheiterten Attentatsversuch ermordet wurden, nimmt das glühende Licht jenes »wir« und »ich« an, in dem sie in ihrer frühen Jugend unter den Getreuen eines Kreises erschienen waren, der das Niedere und Banale verabscheute und zugunsten der Vorstellung von Erhöhung die irdischen Privilegien opferte.

Maximin war dafür ein Symbol. In seinem Mythos, in einem leuchtenden Heiligenschein, ging auch der eines anderen Jüngers Georges, Norbert von Hellingrath, auf, der 1907 dem Kreis beitrat. Begabt, genial, entflammbar, war seine Dissertation über die Pindar-Übertragungen von Friedrich Hölderlin, weit mehr als eine literarische Entdeckung.[11] Sicherlich unter Anleitung des Meisters begann er zur selben Zeit mit der historisch-kritischen Ausgabe der Werke von Hölderlin. »Damals«, so schrieb später Ernst Robert Curtius in seinem Buch *Deutscher Geist in Gefahr*,

schuf Norbert von Hellingrath mit fehlloser Methodenbeherrschung die kritische Ausgabe von Hölderlin, die zugleich ein Denkmal ergriffener Huldigung war. Das ist die deutsche Jugend, die bei Langemarck verblutete und deren Bild heute so oft verzerrt wird.[12]

Die jungen Soldaten, die einberufen wurden, um die Schützengräben auszuheben, hätten – so heißt es in der Hagiographie – ihren neuen Hölderlin mit im Gepäck gehabt. Der Oberleutnant Norbert von Hellingrath, Kriegsfreiwilliger an der Front zusammen mit Franz Marc, Maler des *Blauen Reiters*, in einem Krieg, so schrieb er, in dem »das Schicksal des Einzelnen nie so losgetrennt war von dem seines Staates« und der eine »unausmeßbare Fülle von Unglück, die über Millionen einzelner Menschen fällt« mit sich brachte. Sie konnten das normale Leben nicht wiederaufnehmen, denn beide fielen im Abstand von nur wenigen Monaten 1916 vor Verdun.

Für Europa, das seinen ersten schrecklichen Krieg erlebte, gab es kein schmerzlich aktuelleres Bild als das ihrer jungen Toten, deren Talent und Lebensliebe gewaltsam ein Ende gesetzt wurde. Von der Welt der Antike auch als Symbol der Seele betrachtet, die zu früh dem Körper entrissen wurde, bot sich der vom Adler emporgehobene Ganymed, nach der Ikonologie der Sarkophage für Kinder und junge Tote, als glücklicheres, antagonistisches Beispiel an. Er war in der Hoffnung auf Transzendenz annehmbarer als Achill, trauriger Held in seinem Asphodelen-Reich, Herr über die Schatten:

> Preise mir jetzt nicht tröstend den Tod, ruhmvoller Odysseus,
> Lieber möcht ich fürwahr dem unbegüterten Meier,
> Der nur kümmerlich lebt, als Tagelöhner das Feld baun,
> Als die ganze Schar vermoderter Toten beherrschen.[13]

Daß es eine archetypische Verbindung zwischen Ganymed und Achill gibt, scheinen erneut die Verse des IX. Gesangs des *Fegefeuers* zu bestätigen, in denen der Adler den schlafenden Wanderer Dante an die Pforte des Purgatorio trägt. Sein Schlaf wird – im anagogischen Sinn – mit dem Schlaf-Traum Achills verglichen:

> Nicht anders hat Achilles sich geschüttelt,
> Im Kreis rings die erwachten Augen wendend
> Und, wo er sei, nicht wissend,
> Da seine Mutter ihn aus Chirons Hause
> Nach Skyros schlafend trug auf ihren Armen,
> Von wo die Griechen ihn dann wieder holten;
> Als ich erstaunte, da aus meinen Augen
> Der Schlaf entflohen war und ich erblaßte.[14]

Der von seiner Mutter beschützte Achill entkommt dem Tod nicht. Ganymed ist Garant für das Feuererlebnis – nach der mittelalterlichen Kosmologie befindet sich die Feuerzone zwischen der Luft und dem Mondhimmel –, während Achill einfach Bild für den Schlaf und das Staunen beim Erwachen ist. Die prophetische Vision Dantes folgt dem Modell der zwei heidnisch-mythologischen Vergleiche: die Erhöhung des Traumes durch den Mythos des Ganymed, als Figur für die Empfänglichkeit

der Gnade, der »gratia illuminans«, die ihn emporhebt, und die Entrük-
kung des Achilles, dem es nicht vergönnt war, unsterblich zu sein.

Am Ende seines *Winckelmann und sein Jahrhundert* verherrlichte
Goethe dessen vorzeitigen Tod: »So war er denn auf der höchsten Stufe
des Glücks, das er sich nur hätte wünschen dürfen, der Welt verschwun-
den.«

Ihn erwartete sein Vaterland, ihm streckten seine Freunde die Arme entge-
gen, alle Äußerungen der Liebe, deren er so sehr bedurfte, alle Zeugnisse der
öffentlichen Achtung, auf die er so viel Wert legte, warteten seiner Erscheinung, um ihn zu überhäufen. Und in diesem Sinne dürfen wir ihn wohl glück-
lich preisen, daß er von dem Gipfel des menschlichen Daseins zu den Seligen
emporgestiegen, daß ein kurzer Schrecken, ein schneller Schmerz ihn von den
Lebendigen hinweggenommen. Die Gebrechen des Alters, die Abnahme der
Geisteskräfte hat er nicht empfunden, die Zerstreuung der Kunstschätze, die
er, obgleich in einem andern Sinne, vorausgesagt, ist nicht vor seinen Augen
geschehen, er hat als Mann gelebt und ist als ein vollständiger Mann von hin-
nen gegangen. Nun genießt er im Andenken der Nachwelt den Vorteil, als ein
ewig Tüchtiger und Kräftiger zu erscheinen: denn in der Gestalt, wie der
Mensch die Erde verläßt, wandelt er unter den Schatten, und so bleibt uns
Achill als ewig strebender Jüngling gegenwärtig.[15]

Zwischen dem Streben von Goethes Achill und der Melancholie der
Helden Homers hat sich das Potential der mythischen Erzählung der
Geschichte angepaßt.

In der *Achilleis* verkündete Goethe das Gesetz des ruhmreichen Gedächtnisses:

> ...... Wer jung die Erde verlassen,
> Wandelt auch ewig jung im Reiche Persephoneias
> Ewig erscheint er jung den Künftigen, ewig ersehnet.

Nach Winckelmanns Tod schrieb Herder, der noch nicht in Weimar,
sondern in Riga und Straßburg lebte und die Suche nach den Stimmen
der Völker begonnen hatte, eine Art Trauergesang, in der nicht Achill,
sondern Ganymed der mythologische Bezug war:

> Mit Adlerklauen
> kam die Furie! Riss mit Graun
> ihn hinweg
> Dafür wie Ganymed!
> Ihr größten Götter!
> Zu euerem Sitz erhöht
> Schaut Er Euch, die er sang![16]

Ein Vergleich, welcher – wie der mit Achill – für einen Fünfzigjährigen sicherlich eher ein zweideutiges klassizistisches Kompliment[17] war. Auf dem dunklen Hintergrund des Porträts, das Anton von Maron, Schwager von Mengs, in Rom wenige Monate nach dem Tode von Winckelmann malte, erkennt man eine – von einer geschnittenen Gemme aus der Sammlung des Barons v. Stosch inspirierte – Szene, in der nicht Ganymed von Zeus emporgehoben, sondern der Körper eines getöteten Helden von Merkur in die elysischen Gefilde getragen wird.

Achill also gegen Ganymed? Dabei hatte doch gerade Achill, »Symbol einer Herrschaft ohne Reich«, der reizbare und narzißtische, trotzige und melancholische Jüngling, vergebens nach seinem legitimen, unsterblichen Erbteil gestrebt. In seiner Geschichte als Sohn des Peleus hatte hingegen der Vater gesiegt, der erste wirkliche, alte, sterbliche Vater, während das unsterbliche, an die Mutter gebundene Erbteil, wandelbar und meeresverbunden, im Universum der Vatersöhne nicht die gleiche Macht haben konnte.

> Noch auch du, o Peleid, erhebe dich wider den König
> So voll Trotz; denn es ward nie gleicher Ehre je teilhaft
> Ein bezepterter Konig, den Zeus mit Ruhme verherrlicht.
> Wenn du ein Stärkerer bist und Sohn der göttlichen Mutter,
> Ist er mächtiger doch, weil mehrerem Volk er gebietet[18],

mahnt der alte Nestor den erzürnten Achill, den kein göttlicher Vater schützte.

Wurde also das Leben mit seinen abwechselnden Siegen und Niederlagen geopfert, um die Jugend in der Unsterblichkeit der Legende zu bewahren?[19] »Achilleion« hatte Stefan George das Atelier eines seiner Getreuen, des Bildhauers Ludwig Thormaehlen, genannt, in dem die Jünger im Winter 1927/28 in Berlin mit ihrem Meister zusammenkamen und wo nach seinem Tode die platonische Freundschaft, die sie in seinem Namen zusammenführte, weiterhin gepflegt wurde. In jenem Winter hatte der Dichter eine Karte der Ägäis, einen selbstgeschriebenen Kalender und eine Notiztafel in griechischen Buchstaben an die Wand gehängt und beendete seinen Zyklus *Das neue Reich*. Max Kommerell übersetzte Michelangelos Sonette, begann die *Gespräche aus der Zeit der deutschen Wiedergeburt* und die Arbeit an dem Buch *Der Dichter als Führer in der deutschen Klassik*. Im »Achilleion«[20] trafen sich auch die Grafen Berthold und Claus Schenk von Stauffenberg, der in Dresden Dienst in einem Infanterieregiment leistete. Den Brüdern von

Stauffenberg war es nicht vergönnt, das Alter ihres Meisters zu erreichen.

Im Deutschen verwendet man das Wort *frühvollendet*, um das Schicksal eines Menschen zu bezeichnen, der das reife Alter nicht erleben durfte, als könne die erfundene »Frühe« einer nie erreichten Vollendung über den Verlust des Lebens hinwegtrösten. Auf Grabsteinen und Säulen, Stelen und Denkmälern, die den jungen – und nicht mehr so jungen – Toten vergangener Kriege errichtet worden waren, ließen sich Adler nieder, grimmige Vögel aus Basalt und Bronze, die das Heldentum, den militärischen und nationalen Ruhm darstellen sollten. In Wirklichkeit waren sie nur hilflose Bilder der Allmacht des Todes. Wo würde man nach den Zerstörungen noch den »großen Mann« finden können, den Meister, der imstande gewesen wäre, die Heranwachsenden den Wunsch nach Erhebung, die Sehnsucht nach den höheren Regionen, zu denen sie sich berufen fühlen sollten, zu lehren?

Diese junge Generation findet sich auf den Trümmern einer Welt: nicht nur die politische Welt ist ein Trümmerhaufen, sondern auch die geistig-wissenschaftliche. Der Rationalismus, in welchem das neunzehnte Jahrhundert sein Weltbild unzerstörbar für alle Zeiten organisiert glaubte, ist zusammengefallen. Es war die erste große Gebärde der jungen Generation, daß sie den Rationalismus entthronte und ihn dem Irrationalen subordinierte. Die Begriffe, denen das neunzehnte Jahrhundert vor allem gehuldigt hatte: der der schrankenlosen individuellen Freiheit und der der Entwicklung, durch den man alle Mysterien des Daseins mehr verschleiert als erklärt hatte, wurden verlassen. Der Begriff der Autorität erhob sich um so höher und reiner, als alle aktuellen Träger der Autorität gefallen waren: um dem Autoritätsbegriff im Fühlen und Denken [...] eine möglichst feste Fundierung zu geben, ging man so tief wie möglich: man legte alles erlittene Unglück ... mit in den Grundstein des neuen Glaubens: man suchte den Begriff Schicksal so tief als möglich zu erfassen. [...] Nicht aber so, als ob beide Richtungen einander ausgeschlossen hätten: vielmehr gingen sie ineinander über, so wie vor fast zweitausend Jahren beide Richtungen: ein zum Geist aufstrebendes Heidentum und ein sich der Heidenwelt zuneigendes Juden-Christentum, wirklich und zu ungeheurer Folge ineinander übergegangen sind. Diese weder rein spiritualistische noch rein vitalistische Geisteslage [...] hält die Seelen aller derjenigen in Bann, welche innerhalb einer Generation zählen [...][21]

So erklärte Hugo von Hofmannsthal 1923 seinen amerikanischen Lesern den inneren Aspekt des geistigen Deutschland nach der Katastrophe des Krieges und des den Krieg fortsetzenden Friedens:

Es ist dies ein Zustand sozusagen vormessianischer Religiosität, und er hat sich auch einen Führer oder Vorläufer des Führers heraufbeschworen,

erläuterte der Schriftsteller, der nicht das große Deutschland erträumte, sondern vom Untergang des alten Österreichs tief betroffen war. Er fuhr fort:

nicht in Gestalt eines Menschen aus Fleisch und Blut, sondern in der Gestalt eines Toten [...] dessen geistige Präsenz und Gewalt über die sich um ihn scharende jetzige Generation eine so große und besondere ist, daß man auch hier fast eher von einem religiösen Phänomen sprechen möchte als von einem bloß literarischen. Dieser [...] aus dem Grabe Gerufene, Wiedergeborene ist der Dichter Friedrich Hölderlin [...] Jedenfalls vollzog Hölderlin [...] in sich eine Synthese der großen historischen Vergangenheit, auf der unsere geistige Existenz ruht, und in dieser Synthese die feierliche Vereinigung der beiden geistigen Haupttendenzen, die ich oben als religionsbildende Komplexe im Bewußtsein dieser jetzt lebenden Generation bezeichnete: er ergriff mit ganzer Seele das Griechentum, aber gerade indem er es ganz ergriff und darin lebte, machte er auch, am Ende seines Lebens, jene Evolution durch, die sich im Griechentum selbst vollzogen hat, wenn wir durch Platon ein Licht durchschimmern sehen, das kein anderes ist als das des Christentums. [...] Die großen heidnischen Begriffe des Schicksals und der Götter leben in seiner poetischen Welt zusammen mit tief christlichen Begriffen und Intuitionen, der Äther und Bacchos mit Christus. So sieht die Generation der Lebenden ihre geheimste Sehnsucht, den Kern ihres religiösen Traums, von diesem geheimnisvollen Führer schon vorgelebt.[22]

Wie alle scharfsinnigen Beobachtungen der Gegenwart, wies die Analyse Hofmannsthals eine prophetische Tiefe auf, die den Protagonisten entging, die sehnsüchtig darauf warteten, ihren Führer für den neuen deutschen Traum zu erwählen. Und auf welche Weise war es Hölderlin? Man lese nur die ersten Deutungen seiner Gedichte, um zu begreifen, welche Funktion er für diejenigen hatte, die ihn lasen und dabei auf seine Bilder die eines Archetypus projizierten, der immer fiktiver wurde. In Hofmannsthals Überlegungen zu Deutschland zwischen den beiden Kriegen liest man im Gegenlicht die Interpretation von Wilhelm Michel, der 1923 Hölderlin als »den Gesetzgeber des deutschen Charakters« begrüßte und der als Führer der Deutschen auf eine »epochale Weise geweiht werden sollte«.
   In einem Aufsatz von 1924 deutete Michel die Hölderlin-Ode *Ganymed*[23]; die ersten Zeilen könnten eine Parodie des neuen Katechismus darstellen:

Hölderlins Opfertat und Opfertod sind überschießende Leistungen der Nation. Sie blieben ein Jahrhundert lang ungenutzt – wenn ich hier vergleichsweise ein dogmatisches Bild hereinnehmen darf – im Gnadenschatz des Volkes liegen.

Zu welchem Zweck und für wen wurde das Opfer vollbracht? Um »die alles berechnende Barbarei« zu erlösen. In einer Epoche, in der der Weg für einen wahren Triumph der Barbarei geebnet wurde, mußte der neue Erlöser, der sein wahres öffentliches Leben – als Toter – begann, gewiß eine mysteriöse charismatische Macht besitzen. Nachdem die »greifbar vorgelebte Ganzheit« der Goethezeit untergegangen war – »wir sind ins Bruchstückhafte geraten« –, ist der ideologische Antagonismus für die Führerrolle reiner Schein: »Goethe bleibt die Sonne, das Gestirn im Mittelpunkt«, erklärt Michel.

Hölderlin wird wirksam als eine ziehende und zielende, dem Mittelpunkt zustrebende Kraft. Das ganymedisch Aufsteigende, das stürmisch zu Göttern den Weg Weisende gelangt in einem trägen und doch gespannten Augenblick des deutschen Lebens zur Bewährung.

Ein spätes Fragment von Hölderlin lautet:

> Aber da wir träge
> geboren sind, bedarf es des Falken, dem
> Befolgt' ein Reuter, wenn
> Er jaget, den Flug[24]

Es war die *Wandervogel*-Zeit, sentimentale, germanische Abwandlung der *boy scouts*, auch vom sokratischen Eros Hans Blühers hervorgebracht, einem fanatischen Adepten Stefan Georges, es waren aber auch die Jahre des Ausdruckstanzes, der den Körper entdeckte, aus Kleidung befreite und die üppigen Stoffe und schweren Vorhänge aus den bürgerlichen Salons verbannte:

Man ist in Deutschland daran, den Enthusiasmus zu ertanzen, die Natur zu erwandern.

Kräftige Füße, die den Rasen und die politische Bühne zertraten, sich nur mühevoll von der Erde lösten, waren nunmehr bereit, die schwersten Stiefel der Geschichte anzuziehen, doch der Hölderlin-Interpret mahnt:

Aber wichtiger ist, daß im Geist die ganymedischen Kräfte zum Sieg kommen. Es ist wichtiger, daß wir dem wegweisenden Falken in der Höhe nachreiten lernen, zu den Göttern, zu einer neuen Schicksalhaftigkeit und einer neuen Tragik, zu einem naturhaft durchwirkten und doch durch alle Natur zum Geist vorstoßenden Weltbild.[25]

Hölderlins Aktualität liegt in seinem »ganymedischen Aspekt«:

Für den ganymedischen Hölderlin ist heute alles parteiisch, was lebt und geschieht, das Fromme und das Unfromme, das Sucherische und Wilde, das Rebellische und Sehnsüchtige, das Tänzerische und Naturhafte, das Heidnische. Durch alle Schleusen, innen und außen, lassen wir Natur in uns einströmen […] Aber eine Frömmigkeit muß sie uns sein, eine Göttlichkeit, ein Sinn, ein Glaube, eine Begeisterung. In diesem Sinne wird Hölderlin zum deutschen Führer.

Gewiß, aber das reichte nicht.[26] Sollte das Verlangen, in die göttliche Sphäre eines Gottvaters oder größeren Bruders und hin zu einer neuen Tragik emporgehoben zu werden, auch bei anderen Erdbewohnern aufgekommen sein, war es angebracht, jeden Zweifel auszuräumen:

Sein Untergang ist nicht eine Widerlegung dieser Führerschaft, sondern ihre Besiegelung, ihre Legitimation […] Hölderlins Naturfrömmigkeit geht hervor aus jenen ganymedischen Kräften, die in unserem Kulturkreis heute nur noch das Deutschtum verwaltet. Sie bilden sogar dessen innersten Kern, wenn auch in deutscher Wirklichkeit der »eigentlichere Zeus«, der das Streben der Menschen »entschiedener zur Erde zwinget«, seine Herrschaft derber ausübt als je. Was gegenwärtig unter uns geschieht, läuft auf einen Kampf um die Freimachung dieser ganymedischen Kräfte hinaus.
Der Kampf ist hart, die Zeichen sind gefährlich.
Die Gegenkräfte, die tellurischen, sind stark. Sie wollen es nicht wagen mit den Göttern, weil sie die Gefahr spüren, die beim Verlassen des engen entgötterten Menschenbezirks droht.[27]

Das mythisch-metaphorische Potential verwendet jetzt kriegerische und politische Konnotationen, wird zum Herrschaftsanspruch, Führer-Bild. Selbst wenn Hölderlin eines seiner »pathetischen« Gedichte dem »herrlichen Göttersohn« Achilles widmete, reine Identifikation des Dichters mit dem Jüngling, der allein am Meeresufer seinen Liebesverlust beklagt und die »guten Götter« anruft, damit sie das menschliche Flehen erhören, verfügt er über keine mythenstiftende Kraft.

Vater Aether, und dich fühlte zu sehnend und rein
Dieses Herz – o sänftiget mir, ihr Guten, mein Leiden,
Daß die Seele mir nicht allzu frühe verstummt,
Daß ich lebe und euch, ihr hohen himmlischen Mächte,
Noch am fliehenden Tag danke mit frommen Gesang,
Danke für voriges Gut, für Freuden vergangener Jugend,
Und dann nehmet zu euch gütig den Einsamen auf.[28]

Die Figur des neuen Mythos wird diesmal nicht wieder Achill sein, »der Einsame«, der die Mutter anruft, sondern Ganymed, Zeus' Liebling.

In Goethe breitet sich das Göttliche ruhig aus [...] In Hölderlin dagegen erwacht die Zeit [...]Was bei Goethe ist, das geschieht bei Hölderlin.
Goethe war fern und unerreichbar [...] Hölderlin war unter uns mit seinem ganymedischen Adler auf den Schultern, bereit, sich gegen jeden Tempel und göttliches Bild zu erheben.[29]

Stimmt es, wie Goethe schrieb, daß im Gedächtnis derjenigen, die auf Erden verbleiben und danach kommen, die Gestalt, in der der Mensch aus dem Leben – oder aus seiner Erzählung – schied, in der Zeit bestehenbleibt, dann binden die Krankheit der Vernunft, der Tod der poetischen Kreativität Hölderlin fest an die Zeit der Jugend, selbst wenn die Grenzen seines wirklichen Lebens denen des »alten« Goethe näher sind. Die seine ist eine Jugend, die ihn von der Vaterrolle befreit, ihn in der Zeit der Ruhelosigkeit, der Liebesqualen und der Grausamkeit der Menschen wegen erstarren läßt; auch sie wird Teil des als Identifikationsmuster angebotenen fiktiven Archetypus. Wer mit Flügeln ausgestattet ist – Engel oder ein dämonischer Held –, gehört einer höheren Sphäre an, ist nicht an die Grenzen von Zeit und Raum gebunden, ist vor allem jung und – selbstverständlich – männlichen Geschlechts.

Alle große Dichtung ist hochpolitischen Sinnes, d. h. sie geht immer das vaterländische Geschick in seinen äußersten Entscheidungen an. Kommt Hölderlin heute wieder zum Wirken, so deshalb, weil sein Wort den ersprießlichen Anstoß des vaterländischen Augenblicks enthält[30],

proklamierte Wilhelm Michel.

Schon Stefan George hatte Hölderlin als den großen Seher für sein Volk ins Licht gerückt:

Mit seinen anfängen gehört Hölderlin in das jahrhundert Goethes · in seinen späteren zumeist jezt erst zugänglichen oder verständlichen gebilden ist er der stifter einer weiteren ahnenreihe. Die meister der klassik die sein bestes nicht würdigen konnten hatten die schwere aufgabe sich selbst und ihre stammgenossen aus barbarischer wirrnis und triebhaftem gestürme zur hellenischen klarheit hinaufzuläutern. In den bildenden künsten erkannten sie nur den Apollo · vielmehr mussten sie ihn erahnen aus geglätteten nachschöpfungen: an der Flötenspielerin und dem waagehaltenden Jüngling des sogenannten Throns wären sie noch stumm vorübergegangen. Wol waren die Tragiker erschaut · Pindar aber nur eine weile lang und halbwegs und vor einem anderen Plato scheute man sich als dem der begriffe. Dionysos und Orpheus waren noch verschüttet und Er allein war der entdecker. Er bedurfte keines äusserlichen hinweises: ihm half das innere gesicht. Er riss wie ein blitz den himmel auf und zeigte uns erschütternde gegenbilder wie Herakles-Christos: vor seinen weitesten einigungen und ausblicken aber stehen wir noch verhüllten hauptes und verhüllter hände …[31]

Das politische Brevier der George-Schule, *Der Dichter als Führer in der deutschen Klassik* von Max Kommerell, einem Lieblingsjünger Georges, der später zwar, wie auch sein Vorgänger Friedrich Gundolf, zu einem Abtrünnigen wurde, rühmt Goethe und Hölderlin, vernichtet aber »die beiden Schlegel« und ihre europäische Stimme »in einer Konfrontation mit Schiller«. Absurd, darin »historische Gerechtigkeit« zu suchen, kommentierte Walter Benjamin in seiner Rezension des Buches. Er erkannte, welcher Tradition die »Georgische Lehre vom Heros« verpflichtet war: »Hier hebt sie in den Gestalten des weimarschen Musenhofs bald eine mantische, bald eine panische, bald eine satyrhafte, ja kentaurische Seite ans Licht.« Man braucht das Buch nur wieder zu lesen, um sich nicht über die Gleichgültigkeit zu wundern, mit der seine Abscheu, hervorgerufen durch »das Scheppern stählerner Runen« und den »gefährlichen Anachronismus«, von der neuen düsteren Rhetorik verschleiert wurde, die sich rühmte, hellenistischer Klarheit gleichzukommen.

Kommerell beendete seine Kapitel über Hölderlin mit drei symbolischen Bildern: dem König mit der gebietenden Hand, dem Zauberer mit Stirn und Mund des Kindes und dem Seher. Eine an C. G. Jungs Archetypen orientierte Deutung würde darin den des *Senex* in seiner Aufspaltung mit dem *Puer*, mit dem er sich im Zeichen des Saturn wieder vereinen möchte, erkennen, jedoch in einem nationalen Bewußtsein gefangen:

[...] deutsche Urbilder, kehren sie wieder [...] die Kernstoffe die sie bergen, binden sich neu zu neuer Mischung, und der Grund der so reich gebar, kann unter anderm Sternstand neu gebären. Dann wird, was sich einst schied oder befocht, eins und wirkt einhellig, und dem Volk, das nicht minder den kaum glaublichen Umfang seines Erbes zu kennen wagt wie die Schwere seiner fernen Bestimmung, werden seine namengebenden Dichter die Gnade der zweiten Hohzeit fassen helfen [...] sein innig ernstes Morgen, wo die Jugend die Geburt des neuen Vaterlandes fühlt in glühender Einung und im Klirren der vordem allzu tief vergrabenen Waffen.[32]

Kritische Ferne – diese orakelhafte Beschwörung des Schlusses – mildert Benjamins Irritation. Er merkt an:

Ein Hölderlin-Kapitel beschließt diese Heilsgeschichte des Deutschen. Das Bild des Mannes, das darin entrollt wird, ist Bruchstück einer neuen vita sanctorum und von keiner Geschichte mehr assimilierbar. Seinem ohnehin fast unerträglich blendenden Umriß fehlt die Beschattung, die gerade hier die Theorie gewährt hätte. Darauf aber ist es nicht abgesehen.[33]

Als die Umrisse »die Beschattung« offenbaren, »die lügnerische Verfälschung der Wirklichkeit«, von C. G. Jung im übrigen als eines der psychischen Merkmale Hitlers erkannt, kämpfte das Volk der Herrschaft des Führers folgend.

Der gestrenge Meister George ließ weder Korrekturen noch stilistische Freiheiten zu und die Ausübung seiner Macht beschränkte sich auf die männliche Paideia; diffuser war die Faszination, die er selbst ausübte, und der sich auch Georg Simmel, Dilthey, Max Weber, die dem Kreis nahestanden, nicht entziehen konnten. Selbst Walter Benjamin blieb davon nicht unberührt:

Stunden waren mir nicht zu viel, im Schloßpark zu Heidelberg, lesend, auf einer Bank, den Augenblick zu erwarten, da er vorbeikommen sollte. Eines Tages kam er langsam daher und sprach zu einem jüngeren Begleiter. Auch habe ich ihn dann und wann im Hof des Schlosses auf einer Bank sitzend gefunden. Doch das war alles zu einer Zeit, da die entscheidende Erschütterung seines Werkes mich längst erreicht hatte. [...] Nicht durch jene Gedichte, vielmehr durch eine Kraft, von der ich eines Tages werde zu sagen haben. Es war dieselbe, die mich zuletzt von diesem Werk schied.[34]

Eine arrogante Verführung, eine aristokratische Verstellung, die sich gegen die bürgerliche Ordnung wendete, hatte auch den jungen Klaus, ältester Sohn von Thomas Mann, für sich eingenommen. Der Vater sah mit ambivalenter Freude seinem Heranwachsen zu und verwandelte seine unbeständige Leichtigkeit in die Gestalt des jungen Joseph, Lieblingssohn des Patriarchen Jakob, in dämonische Anmut, seine künstlerische Begabung und Berufung in eine mystisch-prophetische Neigung gegenüber einer metaphysischen Autorität. War nicht Joseph, ein Jüngling von androgyner Schönheit, auf der Suche nach dem Vater-Prinzip des Mondes als ideales Anzeichen der eigenen Erwähltheit, er, der im Joseph-Roman. »Der Gesegnete aus der Tiefe«, das göttliche Kind zwischen den Geschlechtern genannt wurde? »Joseph Mondnatur (der stofflichste der himmlischen Körper, der geistigste der irdischen) ist interessant. Tellurischer und geistiger ›Segen‹. Künstlertum«, definierte Thomas Mann in seinem Tagebuch (25. XI. 1933).

Sohn Klaus erzählte, daß er eines Nachts, aus dem Schlafe fahrend, auf einen Zettel schrieb:

> Eine fremde Stimme, süß und gebieterisch, weckt mich aus tiefem Schlaf.
> Woher kommt ihr der Ruf?
> Willkommen, mein Führer!
> Hier bin ich – zu folgen bereit: mich kümmert's nicht, wem …
> Wer du auch seist: mit deiner Hilfe find ich am Ende – mich selbst![35]

»Willkommen, mein Führer«, »mich kümmert's nicht, [...] wer du auch seist«; gewiß nicht der wirkliche Vater, der nachts vielleicht den Stimmen eigener Träume zuhörte. Für Klaus konnte es sowohl der Führer Nietzsche als auch der Führer Stefan George sein, aber die »fremde« Stimme ähnelte jener des Fremdlings in Hölderlins *Ganymed*.

Die Identifikation mit Hölderlin, mit seinem abstrakten Zorn gegen die Zerrissenheit und die Inhumanität der deutschen Seele, konnte jedoch, begleitet von seinem patriotischen Enthusiasmus, auch Zwang zur Wiederholung, Verführung zur dunklen Regression der Vernunft bedeuten:

Uns kümmern wenig die berufsmühen des mannes und der krankheitsablauf des greisen: wir sind heil genug um wissen zu dürfen dass jenseits von vernünftig und gesund der dämon seine wirkung tut.[36]

Waren diejenigen wirklich »heil genug«, die an das orthodoxe Credo Stefan Georges glaubten?

Nicht dass sein schmerzhaftes und zerrissenes dasein ein vorbild werde für neue sitte [...] denn es gilt höheres.[37]

Der Dichter-Condottiere George verweist auf jenen wohltätigen Dämon, dem die neueren Generationen anvertraut werden sollten.

[...] ist er der verjünger der sprache und damit der verjünger der seele [...] mit seinen eindeutig unzerlegbaren wahrsagungen der eckstein der nächsten deutschen zukunft und der rufer des Neuen Gottes.[38]

Walter Benjamin hatte begriffen, daß im Buch des vom Willen des Meisters besessenen Jüngers »ein Mahnmal deutscher Zukunft sollte aufgerichtet werden«, und er erahnte die schreckliche Perversion:

Über Nacht werden Geisterhände ein großes »Zu Spät« draufmalen. Hölderlin war nicht vom Schlage derer, die auferstehen, und das Land, dessen Sehern ihre Visionen über Leichen erscheinen, ist nicht das seine. Nicht eher als gereinigt kann diese Erde wieder Deutschland werden, geschweige denn des geheimen, das von dem offiziellen zuletzt nur das Arsenal ist, in welchem die Tarnkappe neben dem Stahlhelm hängt.[39]

Doch die Tarnkappe, die Siegfried dem Drachen Fafner geraubt hat – Alberichs, Herr eines unterirdischen Reiches, Eigentum –, um Brünhilde zu gewinnen, bereitet nach Wagners Mythologie die Götterdämmerung vor. Man wußte nun, daß es nicht gelingen konnte, mit Stahlhelmen Sterbliche unsichtbar zu machen. Die neue deutsche Zukunft sollte Walter Benjamin später dazu zwingen, Deutschland zu verlassen; ein Land, dem George bereits aus anderen Gründen die Schweiz vorgezogen hatte.

Im Spiegel der Zeit, in dem sich die Größe der Dichtung Hölderlins und das Schicksal seines schmerzlichen Wahns abzeichnet, erscheinen auch die Schatten der neuen »Götter« mit Stahlhelm. Die Oberfläche ist getrübt, gezeichnet von einem breiten Riß, vom tiefen Bruch zwischen dem Wunsch nach Aufstieg und Erhebung und mit der möglichen Realität der Vernunft unvereinbar, es sei denn in einer postumen Erzählung. Die Spaltung zwischen dem Trieb nach Macht und dessen virtuellem Bild, einer aristokratischen Vorherrschaft des Geistes unterworfen, zwischen den Worten eines großen Dichters und dem Mißverständnis der Gleichsetzung mit seiner Person und seiner von politischen Propheten mißbrauchten Tragik.

Das Unbehagen des Bewußtseins, von der Doppelbindung an die Identität konstituierenden Figuren, an den mythischen Vater und an den politischen Vater sowie an jüngere Ahnen bedingt, sucht nach Vorbildern, mißversteht sie, ahmt sie nach, erhöht sie, und glaubt, indem es dazu gezwungen wird, die Realität zu negieren, an die eigene Auserwähltheit. Die Spaltung ist nicht neu: der Zwist zwischen katholischer »Gelassenheit« und protestantischer Strenge, die zweideutige Entstehung der Sprache der Neuzeit, die Lutherbibel als Wurzel nationalen Bewußtseins – man erinnere nur an Leibniz' Idee der Sprachnation, kennzeichnen die deutsche Geschichte.

Die Bibel Luthers ist keine autonome Schöpfung des Geistes, wie es Dantes *Göttliche Komödie*, Cervantes *Don Quixote* oder Shakespeares Tragödien sind. George Steiner spricht von »sechs durchleuchteten Mauern«, die die Heilige Schrift umgeben, von »sechs Mauern des Übertragungsgebotes und des Übertragungsverbotes«.

Die sechste Aporie der unmöglichen, doch obligaten Übertragung besteht für ihn

in einer ganz einmaligen sprachlichen, historischen und philosophischen Bedingtheit: der Verdeutschung der Bibel. Die Problematik der Begegnung zwischen dem Alten Testament und den Quellenschichten des Neuen auf der einen Seite und der deutschen Sprache und dem deutschen Schicksal auf der anderen Seite, ist, im strengsten Sinn des Wortes, unvergleichbar.

Steiner begründet deren Singularität:

sie hat ihren Ursprung in der Lutherbibel. Wie jedermann weiß, wurde die Lutherübertragung der heiligen Schrift zum Schriftsprache gründenden, Kirche sichtbarmachenden und Weltgeist vermittelnden Ereignis in der Bewußtseinsgeschichte Deutschlands. Für die deutsche Sprache, wie wir sie kennen, für das von der Sprache nie unabhängige Selbstbild der deutschen Nation, wurde und bleibt die Lutherbibel, wie es Rosenzweig ausdrückt, »der Träger ihrer Sichtbarkeit.[40]

Es ist allerdings eine von den Konturen des Vorbilds getrübte Sichtbarkeit, die sich aufgrund negierter oder kontrastierender Affinität in der angestrebten Treue an den Buchstaben vom latinisierten Geist Hieronymus' entfernt:

Fortwährend unterstreicht der große Dolmetscher und Sprachschaffende das neue Prinzip, nach dem er verfährt: hier geht es nicht um eine weitere Umarbeitung oder Ergänzung der Vulgata, sondern um die unmittelbare Wahrnehmung und Aneignung des hebräischen Originals. Oftmals dringt Luther mit unheimlichem Einblick in den Sprachgeist und Wurzelsinn des Hebräischen ein. [...]

All dies ist Gemeinplatz. Was, meines Wissens, nie psychologisch oder philosophisch genügend bedacht worden ist, ist die tiefe Entzweiung, die unbemeisterte Selbstent- oder Befremdung in Luthers ganzem Unternehmen. Luthers Ekel vor den Juden, seine Abscheu vor diesem gottlästerlichen und versteinerten Rest einer jedoch heiligen und folgenreichen Vergangenheit, ist uns wohl bekannt. [...] Ein historisch-theologisch verursachter und bedingter Judenhaß spielt in der Entwicklung der Reformation nach 1530 eine wichtige Rolle. Aber bedenken wir den Gegensatz: das heilige Buch dieser Reformation, das Buch, welches über die deutsche Sprache seine lebensspendende Herrschaft übt, wurzelt tief im Hebräischen und im Judentum. Der widerstehende Same eines verhaßten oder verpönten Judentums ist im Keim und Wachstum mit der deutschen Sprache und Gesinnung (soweit diese letzteren lutheranisch sind und bleiben) fatal verflochten. Die – für Deutschland – immer noch schwerste ernste Bibelübersetzungsfrage ist, ontologisch-geschichtlich, auch die Frage der Beziehungen zwischen Deutschtum und Judentum.[41]

Freilich war es eine Übersetzungsarbeit aus einer Sprache, die gemeinsam von Protestanten und Katholiken als Sprache der Häretiker betrachtet wurde – oder nur der »trotzigen älteren Brüder«? Gerade weil sie aus dem Universum der behüteten Herde ausgeschlossen waren, waren auch sie sich ihrer Auserwähltheit bewußt; Konkurrenten also in der Liebe Gottes, des Vaters. In der historischen Wirklichkeit ein Fremdkörper in einem Organismus, der es mühevoll lernte, seine getrennten Glieder zu koordinieren, wurden sie zunehmend Konkurrenten in der Rolle der aufgrund von Intelligenz, Wissen, wirtschaftlicher Macht und technischen Fertigkeiten Privilegierten. Es war Moses Mendelssohn, der im Berlin Friedrichs des Großen zwischen 1780 und 1783 den Pentateuch und die Psalmen in die deutsche Sprache übersetzte.

Im selben Jahr war es Herder – er faßte die Bibel als Poesie auf –, der mit philologischer Akribie die Sprache entdeckte, die auf die Ursprünge der Welt zurückgeht. Für ihn war das Hebräische »mit starken und kühnen Metaphern enthalten in den Wurzeln der Wörter«, »die sogenannte göttliche Sprache«.[42]

Wenn es wahr ist, daß die Deutschen – wie Leopardi behauptet – nur im Traum die Wahrheit sagen können, und im Traum – so versichert Heine – drücken sie »die deutsche Ordnung«, die tief in ihren Herzen verborgen ist, aus, dann dient ein literarischer Traum vielleicht dazu, die Ordnung dieses zweiten Lebens zu erhellen. Es ist der Traum, den Jean Paul 1797 in der *Rede des toten Christus vom Weltgebäude herab, daß kein Gott sei*[43] erzählt. Madame de Staël, die Jean Paul mit Montaigne verglich, »die Poesie seiner Schreibart« jedoch mit den »Tönen einer Harmonika, die anfangs entzücken, aber nach kurzer Zeit peinlich werden, weil ihrem erschütternden Reiz kein bestimmter Gegenstand entspringt«, hatte die dunkle Qual dessen erkannt, was sie »un morceau très bizarre« nannte: »Es gleicht diese Vision in etwa einem Fiebertraum und will als solcher beurteilt werden.«

Jean Paul kritisierte ironisch ihre verkürzte Übersetzung seines »seltsamen fragments« und die Verwandlung der »barbaresken« in dem französischen Geschmack angepaßte »kultivierte« Stellen.

Der Ort des Traumes ist eine dunkle Kirche, in der sich die Schatten der aus ihren Gräbern auferstandenen toten Kinder versammeln:

Jetzt sank eine hohe edle Gestalt mit einem unvergänglichen Schmerz aus der Höhe auf den Altar hernieder, und alle Toten riefen: »Christus! ist kein Gott?« Er antwortete: »Es ist keiner.«

Der ganze Schatten jedes Toten erbebte, nicht bloß die Brust allein, und einer um den andern wurde durch das Zittern zertrennt.

Christus fuhr fort: »Ich ging durch die Welten, ich stieg in die Sonnen und flog mit den Milchstraßen durch die Wüsten des Himmels; aber es ist kein Gott. Ich stieg herab, soweit das Sein seine Schatten wirft, und schauete in den Abgrund und rief: ›Vater, wo bist du?‹ aber ich hörte nur den ewigen Sturm, den niemand regiert […]«. Die entfärbten Schatten zerflatterten, wie weißer Dunst, den der Frost gestaltet, im warmen Hauche zerrinnt; und alles wurde leer. Da kamen, schrecklich für das Herz, die gestorbenen Kinder, die im Gottesacker erwacht waren, in den Tempel und warfen sich vor die hohe Gestalt am Altare und sagten: »Jesus! haben wir keinen Vater?« – und er antwortete mit strömenden Tränen: »Wir sind alle Waisen, ich und ihr, wir sind ohne Vater.«

Da kreischten die Mißtöne heftiger – die zitternden Tempelmauern rückten auseinander – und der Tempel und die Kinder sanken unter –[44]

Madame de Staël war von dem »düsteren Geist«, der in diesem Traum herrscht, ergriffen, und es schien ihr »schön, die furchtbaren Schrekken, welche die ihres Gottes beraubte Kreatur ergreifen müssen, also jenseits des Grabes hinauszusetzen«.

Die *Rede des toten Christus vom Weltgebäude herab, daß kein Gott sei* ist nicht nur Metapher der Angst der romantischen Seele, die die Obsession der verlorenen Totalität der Welt erlebt, sondern auch Allegorie der Abwesenheit, das Leiden des zu schwachen Bewußtseins, um – wie Hegel es nannte – den Golgatha der Geschichte emporzusteigen. Ist es nur das?

Einige Historiker sind der Auffassung, daß zu dieser einfachen, psychoanalytischen und immer wiederholten Rechtfertigung des Unbehagens des Jahrhunderts nach Ende der Aufklärung andere Gründe hinzukommen. Reinhart Koselleck meint, daß die Deutschen, die ersten europäischen »Barbaren«, das besondere Schicksal traf, die Kultur des römischen Staates, die mit organisierter Macht ihre autochthone Kultur überlagerte, in ein anderes System von Ideen und verständlichen Regeln überführen zu müssen.[45] Diese Vermittlungsarbeit aus einer differenzierteren Sphäre als der eigenen, naturhaften, habe die Vorbedingung und die Prädisposition zu einer Haltung von »Auf-hebung« der primären Erfahrung geschaffen. Die Anstrengung, Worte, Begriffe, Hierarchie- und Werteformeln zu übersetzen – »auch Geld anzunehmen haben wir sie schon gelehrt«, merkt Tacitus ironisch an –, Bilder in eine nichtlateinische Sprache zu übertragen, Fremdheit und Alterität auszugleichen, habe die späteren »Deutschen« unter einen größeren Reflexionsdruck gesetzt. Tacitus war außerdem davon überzeugt, daß der Gott Tuiston nicht soviel Macht habe, um Zeus zu entthronen, doch erinnerte er auch an andere Unterschiede:

Sie rechnen auch nicht nach Tagen, wie wir, sondern nach Nächten, so setzen sie Fristen an, so treffen sie Vereinbarungen. Die Nacht geht nach ihrer Messung dem Tag voran.[46]

Tacitus, der seit den Kämpfen mit den Kimbern wohl wußte, wie lang die zweihundertzehn Jahre waren, in denen Rom sich abmühte, Germanien zu besiegen, erscheinen die Sitten und die List der Sueben fremdartig und seltsam:

Bis ins hohe Alter hinein kämmen sie das struppige Haar hinten am Kopf nach oben und binden es mitten auf dem Scheitel fest; die führenden Männer tragen es noch kunstvoller. Das ist bei ihnen Schönheitspflege, aber sie ist harmlos; nämlich nicht um zu lieben und geliebt zu werden, sondern um größer zu erscheinen und Schrecken zu verbreiten, putzen sie sich, wenn sie in den Krieg ziehen, heraus und schmücken sie sich für die Augen [...] der Feinde.[47]

Das Schicksal, die Differenz begreifen zu müssen, verwandelte sich in den Gedanken der Überlegenheit.

»Ich will die Romanen lieben, möchte aber um keinen Preis einer sein«, schrieb Ernst Robert Curtius an Carl Schmitt nach der ersten Lektüre seines Buches *Die Diktatur*, den Gedanken des Freundes über deutsches und romanisches Krisenbewußtein folgend. Ein Bekenntnis, das an jenes Hugo von Hofmannsthals an den Freund Leopold von Andrian erinnert. Er merkte weiter an:

Als Deutscher mache ich von dem Privileg des deutschen Geistes Gebrauch, im nachfühlenden Verständnis auch das Fremde zu umfassen: die grandiose Starrheit des römisch-romanischen Ordnungswillens. Ich möchte ihn aufheben im dreifachen Hegelschen Sinne. Der entsprechende Akt von romanischer Seite wird nicht möglich sein. Oder glauben Sie?[48]

Dieses deutsche Privileg, das Curtius für sich in Anspruch nahm, scheint dem Stolz zu entsprechen, dem Hannah Arendt, die dem historischen Problem der jüdischen *giftedness*, der intellektuellen Begabung, kompensatorisch eine spekulative Erklärung zu geben versuchte, indem sie Sprachbewußtsein und kulturelle Tradition mit der Identität des jüdischen Volkes verband:

Wir sind das einzige Volk, das einzige europäische Volk, das aus der Antike fast unverändert überlebt hat. Das heißt, daß wir unsere Identität behalten haben, und daß wir das einzige Volk sind, das keinen Analphabetismus gekannt hat. Denn wir haben immer lesen und schreiben können, weil es keinen Juden geben kann, der weder lesen noch schreiben kann. Nicht nur die Elite [...] sondern jeder Jude, das ganze Volk in jeder Schicht und jedem Stand, gleich von welcher Intelligenz oder intellektueller Begabung.[49]

Die Kontinuität der Tradition, der Schrift, der eigenen Ordnung und des nicht übersetzten Wortes bewahren Gesetz und Identität. Wären sie »anders« konstituiert, wäre das Volk gezwungen – folgt man Reinhart Koselleck[50] – zu lernen, lateinisch wie früher griechisch gefaßte Fremderfahrungen bei der Übersetzung in die eigene Sprache auf neue Begriffe zu bringen. Das Fehlen der Möglichkeit und teilweise auch der Fähigkeit, ihre primären Erfahrungen sozialer, politischer, religiöser, kultischer Art in lateinische Begriffe zu fassen, dürfte bei den »barbarischen« Völkern eine abstraktere Ebene der Interpretation geschaffen und ihren Autonomieanspruch kompensatorisch begründet haben.

Wenn es stimmt, daß die Neigung zur Reflexion, zur metaphorischen Übertragung in den romanischen Völkern mit einem gemeinsamen Substrat und Gedächtnis der Latinität nicht in analoger Weise

angeregt werden mußte, konnte dieses in fremder Ordnung »aufgeho-
bene« Bewußtsein für diejenigen, die entfernte Fremde waren, auch
ambivalentes Bewußtsein des Abstandes vom Ursprung der Tradition,
der Historie und ihrer konstitutiven Identität bedeuten.

Am Ende der Aufklärung erschien die Überwindung zumindest
einer Form der Spaltung, die der religiös-kirchlichen, zwischen ger-
manischer Welt und orbis latinus, an den Mythos einer neuen Kindheit und Jugend gebunden zu sein. Wenn sich bei Herder der Gedanke
der Wiederauffindung der Ursprache mit der Sprache der »kindlichen«
Völker, derer, die in der Vergangenheit »Kinder« gewesen waren, verband, ließe sich bei Novalis die Gründung des neuen Europa nur dann
verwirklichen, wenn der Kontinent wieder Kind würde, sich erneuerte.
Kind muß auch sein, wer unter seiner Leitung die Welt der verschiedenen Sprachen in der Utopie einer »neuen Menschheit, die süßeste
Umarmung einer jungen überraschten Kirche und eines liebenden Gottes«, in »der Empfängnis eines neuen Messias« hätte vereinigen können:

> Das Neugeborene wird das Abbild seines Vaters, eine neue goldne Zeit mit
> dunkeln unendlichen Augen, eine profetische wundertätige und wundenhei-
> lende, tröstende und ewiges Leben entzündende Zeit sein – eine große Ver-
> söhnungszeit, ein Heiland, der wie ein ächter Genius unter den Menschen
> einheimisch, nur geglaubt nicht gesehen werden kann [...].

Kind, Jüngling, »Genius«, »Heiland«, »Erlöser« – ihn, so meinte Novalis, braucht Europa, um wieder von einem einzigen jungen Führer
regiert zu werden.

Im Mai 1828, am Pfingstmontag, als die Bürger ins Grüne gefahren
waren, erscheint auf dem fast menschenleeren Marktplatz von Nürnberg ein sechzehn- oder siebzehnjähriger Junge. Sein Gang ist wan-
kend, und er führt einen Brief mit sich, in dem erklärt wird, daß es sich
um ein Waisenkind handele, verwechselt bei der Geburt, das jetzt zur
Kavallerie wolle. Der einzige Satz, den der Junge immer wiederholte,
lautete: »Ich will Soldat werden, wie es mein Vater war.« Auf die vielen neugierigen Fragen antwortete er lediglich: »Weiß ich nicht.« Er
begreift nicht die Realität, die ihm seit seinen ersten Lebensjahren
entzogen worden war.

Kaspar Hauser ahnt nicht, daß seine mysteriöse, beunruhigende Gestalt für seine Zeitgenossen und die nachfolgenden Generationen zum
Symbol des »Kind Europas«, von großer deutsch-französischer Ab-
stammung, werden sollte. Als Opfer politischer Intrigen wurde sein
Schicksal, Erbprinz eines der mächtigsten Fürstentümer Deutschlands

46   Johann Georg Laminit, *Kaspar Hauser mit dem »Rittermeisterbrief«*. 1828.
Verlag Urachhaus Meyer, Stuttgart

zu sein, ob wahr oder phantasievoll erfunden, als das einer fehlenden
Legitimität, einer von der Geschichte angegriffenen Identität, einer
verweigerten, ausgelöschten, als Betrug und Täuschung betrachteten
Erwähltheit[51] interpretiert. Pädagogen, Schriftsteller, Philosophen,
Gegner oder Verfechter einer antirousseauschen Erziehung haben die
Formen seiner Aneignung der Welt wie später, in der Ungewißheit
über die tatsächlichen Geschehnisse, die seines Todes untersucht: politischer Mord oder Freitod. Die anthroposophische Lehre schrieb
ihm die charismatische Kraft einer messianischen Gestalt wie Christus
zu, als Wegweiser bei der Suche nach dem Ich, als Erlöser Europas
und der Welt *(Abb. 46)*. Die neuesten wissenschaftlichen Untersuchungen, die die »Prinzentheorie« abstreiten, rücken den Ursprung
seiner Legende noch mehr ins Dunkle, und selbst in einer vaterlosen
Gesellschaft läßt sich die Faszination seines Mythos kaum erklären.

Hugo von Hofmannsthal verwendet in seinem Stück *Der Turm*[52]
Teile der Autobiographie Kaspar Hausers, um in der Figur des Sigis-
mund die Bindung zwischen politischer Macht und Realitätsverlust,
zwischen Delegitimation und virtueller Macht aufzuzeigen. Rainer
Maria Rilke hingegen überträgt den Traum von Identität in das Prinzip männlicher und militärischer Solidarität:

> Ich möchte einer werden so wie die,
> die durch die Nacht mit wilden Pferden fahren,
> mit Fackeln, die gleich aufgegangnen Haaren
> in ihres Jagens großem Winde wehn.
> Vorn möcht ich stehen wie in einem Kahne,
> groß und wie eine Fahne aufgerollt.
> Dunkel, aber mit einem Helm von Gold,
> der unruhig glänzt. Und hinter mir gereiht
> zehn Männer aus derselben Dunkelheit
> mit Helmen, die, wie meiner, unstät sind,
> bald klar wie Glas, bald dunkel, alt und blind.
> [...][53]

Das moderne Bewußtsein erkennt in Hauser – »Priez pour le pauvre
Gaspard«, ließ ihn der Dichter *maudit* Verlaine im Brüsseler Gefängnis flehen, nachdem er mit der Pistole auf Rimbaud geschossen hatte –
ein Bild der eigenen Fremdheit. Jakob Wassermann, der unter seinem
Judentum litt und sich nach Assimilierung sehnte, wählte Kaspar Hauser als Titelfigur für den Roman[54], mit dem er seinen Rang als deutscher Schriftsteller unter Beweis stellen wollte. Der Waise, das Findel-
kind von Nürnberg, das keine Prägung der Realität aufweist, erscheint

47 Johann Christian Reinhart, *Ideale Landschaft mit einer Szene aus »Amor und Psyche«*. 1828. Museum der bildenden Künste, Leipzig

wie der andere, dunkle Aspekt des Mythos vom Knaben, der von den Wolken oder vom Adler emporgehoben wird, um in den Armen des Vaters aufgenommen zu werden, der ihn gerufen hatte. Beide gehören, wie auch Parsifal und Siegfried, zu derselben vaterlos aufgewachsenen Jüngling-Söhne-Konstellation. Der eine verkörpert die Erhebung, der andere das Opfer in einer Welt, in der der christliche Gott wie die Götter Griechenlands tot ist.[55] Ihre Orte liegen beide weit von der Erde entfernt; ihre Heimat, weibliches Prinzip, Widerspiegelung von getrübten Mutter-Bildern, besetzt die Leere des fehlenden Spiegelbildes im Unbewußten, ist entweder ideal oder schrecklich: Olymp oder »Gefängnis« in einer Zelle oder in einer Höhle, an deren Wänden sich jedoch keine Schatten abzeichnen, die die Welt erzählen. Draußen zerfallen auch die Natur und ihre Landschaften in gegensätzliche, heroische, bedrohliche Fragmente oder lösen sich auf in Einzelteile des Idylls. Der Adler hat diese einsamen Bezirke nicht verlassen; er bewohnt die Felsen des Griechenlandmythos, die Heimat von Hölderlins Hyperion. In der *Ideallandschaft* (1828) von Johann Christian Reinhart *(Abb. 47)*, einem den Deutschrömern nahen Künstler, der eine Szene aus dem *Goldenen*

135

Esel von Apuleius darstellt, bringt der Adler der von Venus gestraften Psyche das Gefäß mit Wasser des Styx. Dieses von der Psyche-Fabel inspirierte Bild gehört zur deutschen romantischen Mythologie. Der Adler, Initiationsvogel, der von einem Reich zum andern fliegen kann, hat rettende Kraft: auf ihn wartet kein Knabe, sondern ein Mädchen in weißer Tunika. Die romantische Allegorie verbindet sich mit dem klassischen Symbol, vermittelt den Zauber einer idealen Natur. In der Ikone einer modernen Verkündigung wird die Taube durch den väterlichen, herrschaftlichen Vogel ersetzt, der die Räume des Mythos wie die der Geschichte und der Religionen durchmißt.

Hölderlin läßt das archaische Tier eine nordische Parabel durchfliegen: Indien als Beginn und Mittelpunkt der Vorstellung von »menschlicher Wärme«, Griechenland und Italien als von der Tradition auserwählte Länder und schließlich das neue, noch zu erreichende Land jenseits der Alpen.

Der Adler, »drum sandten sie den Boten«, überbringt das aktive Element der antiken Kultur vom Indus bis zum Kithäron und zum Kapitol und von dort über die Alpen hinweg nach Norden.

> Und der Adler, der vom Indus kömmt,
> Und über des Parnassos
> Beschneite Gipfel fliegt, hoch über den Opferhügeln
> Italias, und frohe Beute sucht
> Dem Vater, nicht wie sonst, geübter im Fluge
> Der Alte, jauchzend überschwingt er

Es war nicht nur Wilhelm Michel, der germanische Katechet, der den Adler-Mythos als Legitimation der neuen *translatio imperii* deutete, als »Rettung des Genies von der erstarrten Wirklichkeit zu dem neuen Gesetz der Handlung«.[57]

Das Gebot der natürlichen und legitimen Überlegenheit der göttlichen Erwählung im Zeichen Hölderlins formulierte Max Kommerell:

Keiner der Dichter und Wortführer seiner Zeit hat dem Deutschen ein so ungeheures Anrecht auf Macht, ein solches Gefühl ausschließenden Wertes und Ranges verleihen können: und mit dem Fühlen dessen was es ist, beginnt einem Volke auch der äußere der anerkannte Vorrang. Das Land auf das der Adler Gottes sich herabließ, kennt kein Recht neben dem seinen, und wer seine Weihe leugnet, ist nicht nur sein, sondern des Gottes Widersacher. Auch ist es vorm Untergange gefeit: dem Volk, dem ein Bild seiner selbst ward ist sein Bestand auf Jahrhunderte verbürgt.[58]

Also eine Hoheit, die von der geographischen Lage der vielgearteten Länder bestimmt wird, die andere und neue Beute verspricht:

> Doch, wie der Frühling, wandelt der Genius
> Von Land zu Land. Und wir? ist denn Einer auch
> Von unsern Jünglingen, der nicht ein
> Ahnden, ein Rätsel der Brust, verschwiege?[59]

Die rhetorische Frage nach der verdrängten Unruhe der Jugend wirkt sinnstiftend für nationale Identifikation.

In seinen Freiburger Vorlesungen im Wintersemester 1934/35 er-klärte Martin Heidegger seinen Studenten, woher der Adler des Höl-derlin-Gedichtes kam und wen er suchte, »poetischer«, so sagte er, als Goethes Lieder. Er bestimmt

den metaphysischen Ort der Hölderlinschen Dichtung: Das ist die Mitte des Seins selbst, das Seyn der Halbgötter, das Seyn des Mannes, unseres Dich-ters … Was er sah und vernahm und ins Wort gestaltete, das ist das Gedicht Germanien … Der Mann im Gedicht Germanien, der Dichter als solcher, sieht den Adler,
Weil an den Adler
Sich halten müssen, damit sie nicht
Mit eigenem Sinne zornig deuten
Die Dichter
(Aus dem Motivkreis der Titanen)
Der Adler ist der Bote des Gottes. Der Dichter sieht, wie der Adler das Mäd-chen sucht, und der Dichter vernimmt, wie der Adler sie schnell erkennend, ihr laut zu ruft:
Der Jugendliche nach Germania schauend:
»Du bist es, auserwählt,
Alliebend und ein schweres Glück
Bist du zu tragen stark geworden.«[60]

Die Allegorie der Verkündigung bewahrt die religiöse Bedeutung – der Bote hat für den Vater die »frohe Beute« gefunden – und die mytho-logisch-romantische Konnotation.

Wilhelm Michel deutete bereits 1926 die Natur des Adlers als jene »des deutschen Wesens, und der Liebe«.

Daraus ergibt sich: Inhalt des deutschen Wesens ist die Liebeskraft schlecht-hin.
Das bedeutet: »auserwählt« und »alliebend« gehören ursächlich zusammen, die »Auserwählung« erfolgt nur auf Grund der Fähigkeit des »Alliebens«. Der

»Gesang des Deutschen« sieht die kommende abendländische Kultur, die durch Deutschland heraufgeführt wird, als »ein neu Gebild, das einzig wie du selber, das aus Liebe geboren und gut wie du sei«. In der Hymne »An die Deutschen« heißt es von dieser selben Zukunft, daß der Genius unseres Volkes, »das stetige Werk immer aus liebender Seele den Sterblichen näher bringt«.

So empfindet sich das Deutschtum in Hölderlin nicht als etwas feindselig Abgegrenztes, sondern es empfindet sich, jugendlich kraftvoll und »waffenlos«, als die Menschheit schlechthin. Es ist ein Volksgefühl, das frei über den ganzen Erdball hin reicht mit der genialen, kühnen Gewißheit, daß das deutsche Volk in die höchsten Dinge, in die Angelegenheiten der Götter und der Natur, verschlungen ist. Es meldet sich ein geistiger deutscher Imperialismus zum Wort, den man noch von den edelsten Kräften des alten »Reiches« genährt fühlt.[61]

Die göttlichen und irdischen Geschäfte reichen nicht; man muß auch die gute Regierung auszuüben wissen, damit sie nicht entarten.

Und zwar ist aus dem Hölderlinschen Begriffe der »Liebe« alles Schwächliche, alles Empfindsame und Unterwürfige wegzudenken; eine kraftvolle, schaffende, gewaltige Liebe ist gemeint, eine Liebe, die in der Nähe des platonischen »Eros« und der empedokleischen »Philia« steht, also Liebe als Geist und Leben, Liebe als letzte Wirklichkeit und Verwirklichung aller atmenden Kreatur.[62]

Eine Form von Liebe, die wenige Jahre später den Anspruch erhob, die Welt neu zu errichten – nach Aussonderung der Schwachen, der Verwundbaren, der Andersartigen, aller, die das struppige Haar nicht nach oben kämmen, »um […] größer zu erscheinen und Schrecken zu verbreiten«.

Heidegger kommt die Gestalt der Jungfrau Germanien nicht »unzeitgemäß« vor, nur augenscheinlich »nicht heroisch«, wenn man sie mit den kriegerischen Frauen – wie er sie nennt – mit blutigem Schwert und flatterndem Haar vergleicht, die seit 1848 das Pathos der gewonnenen und verlorenen Kriege begleitet haben, die Fahnen und Denkmäler schmückten.

Hölderlins Germania ist nicht kriegerisch, sondern eine »Priesterin«, »die stillste Tochter Gottes«:

> Und gerne, zur Erinnerung, sind
> Die unbedürftigen sie
> Gastfreundlich bei den unbedürftigen
> Bei deinen Feiertagen

Germania, wo du Priesterin bist
Und wehrlos Rat gibst rings
Den Königen und den Völkern[63]

Dem von Napoleon »wehrlos« gemachten Deutschland wird kompensatorisch die neue Legitimität zugesprochen, jene der Überlegenheit des Geistes. Der Grund seiner Auserwähltheit unter den »vielgearteten« Ländern, seine Vorherrschaft über die anderen Nationen in Europa – Griechenland und Italien haben sie längst verloren –, erscheint Heidegger keineswegs »unzeitgemäß«, im Unterschied zu den Schriftstellern oder Parteifunktionären, die 1943, nach Stalingrad, bei den politischen Feierlichkeiten zu Hölderlins 100. Todestag – insgesamt dreihundert – aus seinem Gedicht das Adjektiv »wehrlos« gestrichen hatten.

Wieder wehrlos als Folge des Versailles-Vertrages, brannte das Adjektiv noch ein Jahr nach Hitlers Machtergreifung: erst einige Monate später – nach allen anderen europäischen Nationen – durfte die allgemeine Wehrpflicht wieder eingeführt werden. Diese neue Zeitgemäßheit bedeutete vielleicht schon die Vorahnung, daß von der Stärke des Adlers und der verdienten Auserwähltheit die ganze Welt bald überzeugt werden mußte?

Fast hundert Jahre zuvor, 1834/35, malte der Nazarener und Adoptivsohn von Friedrich Schlegel, Philipp Veit, in einem Fresko für das Städel in Frankfurt, die von Novalis inspirierte Allegorie: *Einführung der Künste in Deutschland durch das Christentum (Abb. 48)*.[64] Neben den Künsten erscheinen die Gestalten Italia und Germania, die auf die geistige und weltliche Macht in Europa und auf die verschwundenen Orte der antiken Welt verweisen, aus denen das Papst- und das Kaisertum hervorgegangen sind.

Italia hält in der einen Hand einen Lorbeerzweig und in der anderen den Stab mit dem dreifachen Kreuz als Symbol päpstlicher Macht. Germania, strenger Engel, sitzt unter einer Eiche auf einem Thron und stützt mit der linken Hand ein Schild mit dem kaiserlichen Doppeladler. In ihrem Schoß liegen das Gesetzbuch und das Schwert der Gerechtigkeit. Unten die Krone von Karl dem Großen, die das legitime Erbe des Reiches symbolisiert. Die Wappen der sieben Kurfürsten verweisen auf die föderale Verfassung. In der Ferne die deutsche Landschaft mit ihren Kirchen und Burgen am Rhein und den Umrissen der Stadt Köln, dem religiösen Zentrum mit dem Mythos seines Doms, der Kathedrale des neuen christlichen Europa. Germania – nicht

48 (links)   Philipp Veit, *Italia. Aus der »Einführung der Künste in Deutschland durch das Christentum«.* 1834/35. Museum Städel, Frankfurt

49 (rechts)   Philipp Veit, *Germania. Aus der »Einführung der Künste in Deutschland durch das Christentum«.* 1834/35. Museum Städel, Frankfurt

mehr wehrlos, ein Schwert im Schoß, wohl nicht zum Angriff, doch zur Verteidigung und zu richten bereit, was siegen bedeutet *(Abb. 49)*.

Die romantische Ikonographie verändert das Bild der antiken allegorischen Tradition als der vom Triumph des römischen Siegers unterworfenen Germania, um es zum Symbol des Kaisertums und der universalen, nicht nur europäischen Christenheit zu erheben.

Während Napoleon Preußen besetzte und sich mit einem römischen Herrscher identifizierte, beschwor die antike Priesterin, von Johann Gottlieb Puhlmann[65], einem deutschen Schüler von Pompeo Batoni, 1807 gemalt, im deutschen Bewußtsein den Geist der germanischen Nation, strenge Feindin der römischen Macht *(Abb. 50)*. Die Priesterin mit einem Kranz aus Eichenlaub hat keine Waffen, doch bedeutet die rauchende Glut in ihrem Kohlenbecken eine mystische, deutliche Aufforderung an die Deutschen – nach der verlustreichen Schlacht von Jena und Auerstedt – zum Blutopfer »auf dem Altar des Vaterlandes.«

In seinen Freiburger Vorlesungen findet Heidegger den semantisch-politischen Wert der Gestalt der Priesterin und des Adjektivs »wehrlos« wieder:

Dann ist dieses Land, sein Volk, d. h. das deutsche geschichtliche Dasein, solcher Art, daß es »wehrlos Rath« gibt »rings / Den Königen und den Völkern«. Diese Wehrlosigkeit meint nicht, wie früher schon angedeutet, das Ablegen der Waffen, die Schwäche und das Ausweichen vor dem Kampfe. Dieses »wehrlos« meint jene geschichtliche Größe, die der Abwehr und Gegenwehr nicht mehr bedarf, die siegt durch das Da-sein, indem dieses durch das gewirkte In-sich-stehen zur Erscheinung bringt das Seiende, wie es ist. Kein lehrhaftes und schulmeisterlich redendes Raten und Vorschreiben – sondern jenes mächtigste und unmittelbarste Zeigen der Wege, das sich dadurch erwirkt, daß die Wege gegangen werden, das Dasein sich gründet.[66]

Heidegger erklärte seinen Studenten, daß die Priesterin nur ratgebender Geist sei, der aus den Abgründen des Seins das Neue forme.

Der Dichter meint nicht jenes Deutschland und jene Dichter und Denker, wie sich die übrige Welt diese vorstellt und wünscht: die bloßen Träumer und Ahnungslosen, die dann im Entscheidenden leicht zu überreden sind und zum Narren für die Übrigen werden sollten; vielmehr jenes Dichten und Denken, das in die Abgründe des Seyns einbricht, sich nicht in den flachen Gewässern

50   Johann Gottlieb Puhlmann,
Germanische Priesterin. 1807.
Staatliche Schlösser und Gärten,
Schloß Charlottenburg, Berlin

einer allgemeinen Weltvernunft begnügt, jenes Dichten und Denken, das im Werk das Seiende neu und anfänglich zur Erscheinung und zum Stehen bringt.[67]

Schon, aber aus den Abgründen wieder aufzusteigen gelang nie ohne starke Flügel. Nachdem Zarathustra »seinen« Abgrund hat reden hören und später wieder zu sich kam,

war er bleich und zitterte und blieb liegen und wollte lange nicht essen noch trinken. Solches Wesen dauerte an ihm sieben Tage; seine Tiere verließen ihn aber nicht bei Tag und Nacht, es sei denn, daß der Adler ausflog, Speise zu holen. Und was er holte und zusammenraubte, das legte er auf Zarathustras Lager [...]. Zu seinen Füßen aber waren zwei Lämmer gebreitet, welche der Adler mit Mühe ihren Hirten abgeraubt hatte.[68]

Nietzsche, der sich für den ersten Europäer hielt, rettet seinen Zarathustra, der nach zehn Jahren Einsamkeit in den Bergen mit der Sonne sprach, indem er ihn der Liebe jenes Tieres anvertraut, das barmherziger als die Menschen ist, ein erwachsener und wohl nicht geheilter Ganymed, dem in seinem Olymp nur der Adler geblieben ist.

Anmerkungen

1 Stefan George, *Vorrede zu Maximin* (in *Tage und Taten*), in *Werke*, 4 Bde., München 1983, Bd. II, S. 306 f.; siehe auch *Stefan George 1868-1968*, Ausstellungskatalog des Deutschen Literaturarchivs Marbach, Stuttgart 1968.
2 Stefan George, *Entrückung – Auf Leben und Tod Maximins* (in *Der Siebente Ring*), in *Werke*, a.a.O., Bd. II, S. 73.
3 *Ibid.*
4 *Ibid.*
5 *Ibid.*
6 Dante, *Paradiso*, XIX, 4-12, dt. Ausgabe: *Die Göttliche Komödie*, übers. von Hermann Gmelin, Stuttgart 1984.
7 *Herrschaft und Dienst* lautete der Titel des von Friedrich Wolters 1909 verfaßten Breviers. Vgl. die Studie von Stefan Breuer, *Ästhetischer Fundamentalismus. Stefan George und der deutsche Antimodernismus*, Darmstadt 1995.
8 Zu den Beziehungen der Grafen von Stauffenberg zum George-Kreis siehe Ludwig Thormaehlen, *Erinnerungen an Stefan George*, hrsg. von Walther Greischel, Hamburg 1962, aber auch Eberhard Zeller, *Oberst Claus Graf von Stauffenberg – Ein Lebensbild*, Paderborn–München–Wien–Zürich 1994, insbesondere die Kapitel *Herkunft und Jugendalter* und *1926-1936. »Der Umbruch«. Aufstieg zum Rittmeister*, S. 5-38.

9 Stefan George, *Der Widerchrist* (in *Der Siebente Ring*), in *Werke*, a.a.O., Bd. II, S. 38.

10 Stefan George, *Dante: Die Göttliche Komödie – Übertragungen*, in *Werke*, a.a.O., Bd. III, S. 66 und 126 f. Anläßlich des Faschingsfestes 1904 in München kostümierte sich George als Dante mit einem Lorbeerkranz. Maximin begleitete ihn, als Florentiner Edelknabe verkleidet. Vgl. Ausstellungskatalog *Stefan George*, a.a.O.

11 Norbert von Hellingrath, *Pindar-Übertragungen von Hölderlin. Prolegomena zu einer Erstausgabe*, Diss. München 1910. Die Dissertation wurde in »Blätter für die Kunst«, Berlin 1910, gedruckt. Für den Plan einer Hölderlin-Ausgabe hatte sich Norbert von Hellingrath für Friedrich Seebass, der zum George-Kreis gehörte, als Mitarbeiter entschieden. 1913 erschien Band V mit den Übertragungen, sofort nach dem ersten mit den Jugendgedichten, im Sommer 1914. Kurz vor Kriegsausbruch dann Band IV mit den späten Gedichten. In der Einleitung präsentierte Hellingrath Hölderlin als einen Erben und Fortführer der Dichtung der Griechen. Zwanzig Jahre nach Hellingraths Tod erschien: *Norbert von Hellingrath – Hölderlin – Vermächtnis. Forschungen und Vorträge. Ein Gedenkbuch zum 14. Dezember 1936.* Der Herausgeber, Ludwig von Pigenot, schrieb in seiner Einleitung: »Ich habe Norbert von Hellingrath im Leben nicht gekannt [...] Aber die von ihm besorgte Erstausgabe der Hölderlinischen Pindar-Übertragung hat im Januar 1915 mich, den jungen Infanteristen, ins Feld begleitet und ist mir durch vier harte Kriegsjahre hindurch lieber Besitz geblieben.« Es war unvermeidbar, daß die nationalsozialistischen Ideologen den Namen des Dichters und seiner Herausgeber usurpierten. Vgl. *Hölderlin-Forschung*, in *Klassiker in finsteren Zeiten – 1933-1945*, Ausstellungskatalog Marbach, Stuttgart 1983, S. 319-365.

12 Ernst Robert Curtius, *Deutscher Geist in Gefahr*, Stuttgart – Berlin 1932, S. 52.

13 Homer, *Odyssee*, XI, 489-491, dt. Übertragung von Johann Heinrich Voß, Hamburg 1781.

14 Dante, *Purgatorio*, IX, 34-41, a.a.O. – Vgl. *Die Göttliche Komödie*, übersetzt von Hermann Gmelin, Kommentar 2, Stuttgart 1955, S. 158-165.

15 Johann Wolfgang von Goethe, *Winckelmanns Hingang*, in *Werke*, Hamburger Ausgabe, a.a.O., Bd. XII, S. 128-129.

16 Johann Gottfried Herder, *Sämtliche Werke*, hrsg. von Bernhard Supan, Bd. XXIX, Hildesheim 1967, S. 296-302.

17 Zur Rezeption des Winckelmann-Mythos siehe das ihm gewidmete Kapitel in Paul Derks, *Die Schande der heiligen Päderastie – Homosexualität und Öffentlichkeit in der deutschen Literatur 1750-1850*, Berlin 1980.

18 Homer, *Ilias*, I, 277-281, dt. Übertragung von Johann Heinrich Voß, Altona 1793.

19 In seinem Buch *Die Unsterblichkeit Achills – Vom Ursprung des Erzählens*, München 1997, sieht Jürgen Manthey in der Gestalt von Achill »den Stadt-Zerstörer« und in seinem »unheilvollen Zorn« den Ursprung der Erzählung.

Er ist der Antagonist in der Ordnung der Väter und der von der Mutter Auserwählte. Für den Autor verwandelt sich Achill in Parsifal und in Werther und
erscheint wieder als Phantasma, bei Goethe, Kafka, Musil und – in psychoanalytischen Deutungen – in vielen Romanen der Weltliteratur. Roberto
Calasso hingegen erkennt in Achill den ersten heidnischen Helden, der den
Wert und die unwiederbringliche Intensität des Lebens verteidigt. *Le nozze di
Cadmo und Armonia*, Mailand 1988, S. 138 ff.

20 »Achilleion«, das Atelier, das ursprünglich das von Alexander Zschokke
war, befand sich in der Albrecht-Achilles-Straße in Halensee. Im Winter
1927/28 war Eugenio Pacelli, der spätere Pius XII., apostolischer Nuntius und
Doyen der Botschafter. »In elastischer Frische« – so schrieb Thormaehlen –
»wahrte er sich den Vorrang.« Thormaehlen, *Erinnerungen*, a.a.O., S. 228-232,
und *Begegnungen in Achilleion*, in Zeller, *Oberst Claus Graf von Stauffenberg*,
a.a.O., S. 47-59.

21 Hugo von Hofmannsthal, *Vierter Brief an »The Dial«* (an die Leser der
amerikanischen Zeitschrift »The Dial«, in *Gesammelte Werke in Einzelausgaben:
Aufzeichnungen*, Frankfurt a.M. 1959, S. 310 ff.

22 *Ibid.*, S. 312 und 314-315.

23 Wilhelm Michel, *Hölderlins Ode »Ganymed«*. 1925 veröffentlicht und in
Hölderlins Wiederkunft, Wien 1943, S. 123-138, wiederabgedruckt.

24 »Einst habe ich die Muse gefragt«, in *Hölderlin. Sämtliche Werke und
Briefe*, hrsg. von Jochen Schmidt, Bd. I, *Gedichte*, Frankfurt a.M. 1992, S. 460.

25 Wilhelm Michel, *Hölderlins abendländische Wendung*, Jena 1923. 1918 geschrieben, dann in *Hölderlins Wiederkunft* erneut abgedruckt, a.a.O., S. 57:
»Todeslust ist Urfrömmigkeit«.

26 Vgl. Peter Szondi, *Hölderlin-Studien. Überwindung des Klassizismus – Der
Brief an Böhlendorf vom 4. Dezember 1801*, in Peter Szondi, *Schriften I*, Frankfurt a.M. 1978, S. 345-366.

27 Wilhelm Michel, *Hölderlins Ode »Ganymed«*, a.a.O.

28 Friedrich Hölderlin, *Achill*, in *Sämtliche Werke*, kleine Stuttgarter Ausgabe, Bd. 1, a.a.O., S. 265.

29 Wilhelm Michel, *Hölderlin. Der Sänger des Deutschtums*, in *Hölderlins
Wiederkunft*, a.a.O., S. 150.

30 *Ibid.*

31 Stefan George, *Hölderlin* (in *Tage und Taten*), in *Werke*, a.a.O., S. 300. Zu
diesem Aspekt Georges vgl. den Katalog *Klassiker in finsteren Zeiten*, a.a.O.,
wie auch Maurizio Serra, *Stefan George e il falso erede*, in *L'esteta armato – Il Poeta
condottiero nell'Europa degli anni trenta*, Bologna 1990, S. 149 ff.

32 Max Kommerell, *Der Dichter als Führer in der deutschen Klassik. Klop-
stock – Herder – Goethe – Schiller – Jean Paul – Hölderlin*, Frankfurt a.M., 3. Aufl.
1982. Herder wird lediglich als Anreger für Goethe und den Mythos von Jean
Paul betrachtet. Die Hölderlin gewidmeten Kapitel heißen *Der Schüler, Der
Heros, Das Volk*.

33 Walter Benjamin, *Wider ein Meisterwerk. Zu Max Kommerell: »Der Dich-

ter als Führer in der deutschen Klassik«. Die Rezension erschien zuerst in »Literarische Welt« (1930), wieder abgedruckt in *Gesammelte Schriften*, hrsg. von Rolf Tiedemann und Hermann Schweppenhäuser, Bd. III, Kritiken und Rezensionen, Frankfurt a. M. 1980, S. 252-259.

34 Walter Benjamin, *Über Stefan George*: »Diese Gedichte aber vergleiche ich im Massiv des Deutschtums jenen Spalten, die nach der Sage nur alle tausend Jahre sich auftun und einen Blick ins innere Gold des Berges gewähren«, in *Gesammelte Schriften*, a.a.O., Bd. II/2, Frankfurt a. M. 1980, S. 622-624.

35 Klaus Mann erklärt außerdem die Art der auf ihn ausgeübten Faszination: »Aber was immer mich heute von ihm trennen mag, damals kannte meine Verehrung keine Grenzen. Ich sah in ihm den Führer und Propheten, die cäsarisch-priesterliche Figur, als die er sich präsentierte. Inmitten einer morschen und rohen Zivilisation verkündete, verkörperte er eine menschlich-künstlerische Würde in der Zucht und Leidenschaft, Anmut und Majestät sich vereinen. Jede seiner Gebärden und Affekte hatte den Charakter des Beispielhaften, Programmatischen. Er stilisierte die eigene Biographie zum Mythos; sein Liebeserlebnis, die Neigung zum Knaben Maximin, bildete das Kernstück einer Philosophie, die für den Kreis der Jünger Offenbarung war. – Die Begegnung zwischen Dichter und Jüngling unter dem Bogen des Münchener Siegestores, ihre Vereinigung, ihr kurzes Glück, der Tod des Herrlichen, der Klagegesang am Grabe, dieses Drama, das ›Der Siebente Ring‹ glorifiziert, wurde mir zum integralen Bestandteil des eigenen Fühlens und Denkens. Die ›Wiedervereinigung von Moral und Schönheit‹, die Frank Wedekind – und nicht er allein! – mit so eifervollem Nachdruck empfahl: im Maximin-Mysterium schien sie Ereignis geworden. Die Versöhnung zwischen hellenischem und christlichem Ethos, hier fand ich sie erreicht. Stefan Georges ordnender Geist hatte, so wollte ich glauben, den fundamentalen Konflikt gelöst, den Heinrich Heine mit Intuition und Scharfsinn analysiert und der als tragisches Leitmotiv das Werk Friedrich Nietzsches beherrscht.« Klaus Mann, *Der Wendepunkt. Ein Lebensbericht*, Frankfurt a. M. 1963, S. 105.

36 Klaus Mann, a.a.O.

37 *Ibid.*

38 George, *Hölderlin*, a.a.O.

39 Benjamin, *Wider ein Meisterwerk*, a.a.O.

40 Georg Steiner, *Aus Worten nicht Wörtern*, in *Jahrbuch der Deutschen Akademie für Sprache und Dichtung*, Darmstadt 1983, 2. Lfg., S. 31.

41 *Ibid.*

42 Um pädagogischen Nutzen bemüht, empfahl Herder sein Werk *Vom Geist der Ebräischen Poesie. Eine Einleitung für die Liebhaber derselben, und der ältesten Geschichte des menschlichen Geistes* (1782/83) für den Unterricht am Weimarer Gymnasium. (In den für Herzog Karl August bestimmten Instruktionen vom 28. Juli 1788:) »Im Hebräischen werden die Schüler mit der Zeit auch vorbereiteter erscheinen […] Sie werden sodann zur kursorischen Lektion […] angeführt und im poetischen Stil mit den schönsten Stücken aus den Psalmen,

dem Hohenliede, den Schriften Moses und der Propheten bekannt gemacht, wie dazu ›Die heilige Poesie der Hebräer‹ von Lowth oder mein Buch vom Geist der Ebräischen Poesie Anleitung geben kann. Auch durch diese Abwechselung wird die Aufmerksamkeit erhalten [...] eine Auswahl dieser Art bringt die Schriften der Ebräer, die einen großen Teil nach Poesie sind dem Vortrage andrer Völker näher.« Johann Gottfried Herder, *Ahndung künftiger Bestimmung*, Ausstellungskatalog, Stiftung Weimarer Klassik, Stuttgart–Weimar 1994, S. 165.

43 Jean Paul, *Blumen-, Frucht- und Dornenstücke oder Ehestand, Tod und Hochzeit des Armenadvokaten F. St. Siebenkäs*, in *Sämtliche Werke*, historisch-kritische Ausgabe, Bd. VI, hrsg. von Kurt Schreiner, Weimar 1928, S. 247-252: »Erstes Blumenstück. Rede des toten Christus vom Weltgebäude herab, daß kein Gott sei.«

44 *Ibid.*, S. 249 ff.

45 »Die Ausfächerung der lateinischen gesamteuropäischen Sprache in theoriefähige und reflexionsbewußte Nationalsprachen vollzog sich also in völlig verschiedenen Bahnen. Während es sich im Westen um gleitende Umprägungen vorgegebener Sprachbestände handelte, die der Latinität verpflichtet blieben, handelte es sich im Deutschen darum, Fremdworte einzuverwandeln oder genuin deutsche Worte begrifflich hochzustilisieren, um sie theorie- und reflexionsfähig zu machen.« Vgl. Reinhart Koselleck, Einleitung zu *Bildungsbürgertum im 19. Jahrhundert*, Stuttgart 1990, S. 15.

46 Tacitus, *Germania*, Cap. XI: »Nec dierum numerum, ut nos, sed noctium computant; sic constituunt, sic condicunt: nox ducere diem videtur.« – Dt. Alfons Städel, Düsseldorf–Zürich 1998, S. 21.

47 Tacitus, *Germania*, Cap. XXXVIII: »[In aliis gentibus – seu cognatione aliqua Sueborum seu (quod saepe accidit) imitatione rarum et intra iuventae spatium,] apud Suebos usque ad canitiem: horrentem capillum retro sequuntur ac saepe in ipso vertice religant; principes et ornatiorem habent. Ea cura formae, sed innoxia; neque enim ut ament amenturve, in altitudinem quandam et terrorem adituri bella compti, ut hostium oculis, armantur.« – Dt. Alfons Städel, a.a.O., S. 53.

48 Brief vom 6. Dezember 1921, in *Briefe von Ernst Robert Curtius an Carl Schmitt. 1921-1922*, in »Archiv für das Studium der neueren Sprachen«, Nr. 218, 1981, S. 1-16. Vgl. außerdem meine Einleitung zu Ernst Robert Curtius, *Letteratura della letteratura. Saggi critici*, Bologna 1984, S. 61.

49 Hannah Arendt, Interview von Roger Errera, in »The New York Review of Books«, XXIV, 16 (26. Oktober 1978), S. 18, und außerdem in meiner Einleitung zu Hannah Arendt, *Il futuro alle spalle*, Bologna 1981.

50 Reinhart Koselleck, *Hellenen und Barbaren*, in »Zur historisch-politischen Semantik asymmetrischer Gegenbegriffe«, in *Vergangene Zukunft. Zur Semantik geschichtlicher Zeiten*, Frankfurt a. M. 1979, S. 211. Es gilt, einige Zeilen wiederzulesen: »Platon hat mit dem ihm eigenen Ernst, aber sicher auch provokativ gemeint, den Gegensatz auf die Natur reduziert. *Physei* seien die Hellenen ein

eigenes Geschlecht, das entarte, je mehr es sich mit Barbaren vermische. Aus dieser naturgebundenen Bestimmung folgerte er politisch, daß jeder Streit zwischen Griechen ein Streit unter Brüdern sei, ein Bürgerkrieg – *stasis* – und deshalb krankhaft. Ein Krieg mit Barbaren – *polemos* – sei dagegen von Natur aus gerecht. Kämpfe unter Griechen sollten milde und mit minimalem Einsatz geführt werden, der Krieg gegen Barbaren auf deren Vernichtung zielen.«

51 Vgl. Hermann Pies, *Kaspar Hauser. Eine Dokumentation*, Ansbach [1966]; *»Ich möchte ein solcher werden wie …«* – *Materialien zur Sprachlosigkeit des Kaspar Hauser*, hrsg. von Jochen Hörisch, Frankfurt a. M. 1979; *Der Findling Kaspar Hauser in der Literatur*, hrsg. von Ulrich Struve, Stuttgart 1992. Der »Spiegel« veröffentlichte unter dem Titel *Der entzauberte Prinz Kaspar Hause*r (Nr. 48 v. 25. 11. 1996) das Resultat einer Genanalyse des Blutflecks auf der mutmaßlichen Kleidung, die er bei dem tödlichen Attentat bzw. Selbstmord trug. Demnach weist das Blut keine Ähnlichkeit bzw. Gleichheit mit dem der Familie des Hauses Baden auf. Die Historiker und Journalisten glauben, daß der junge Hauser unter einer in Tirol damals sehr verbreiteten Erbkrankheit litt, die er von seinem Vater, einem aus dieser Region stammenden Soldaten, hatte.

52 Hugo von Hofmannsthal, *Der Turm*. Ein Trauerspiel in fünf Aufzügen, große Fassung von 1925, in *Gesammelte Werke*, Bd. III, Berlin 1934, S. 1-198.

53 Rainer Maria Rilke, *Der Knabe* (1906), in *Sämtliche Werke*, hrsg. vom Rilke-Archiv. In Verbindung mit Ruth Sieber-Rilke besorgt durch Ernst Zinn, Bd. I, Frankfurt a. M. 1955, S. 386.

54 Jakob Wassermann, *Caspar Hauser oder die Trägheit des Herzens*, Stuttgart–Leipzig 1908.

55 Carl Schmitt zeigt in seiner Deutung der Figur von Hamlet, *Hamlet oder Hekuba. Der Einbruch der Zeit in das Spiel*, Düsseldorf–Köln 1956, die Analogie zwischen Nation und einer symbolischen Persönlichkeit auf. Kaspar Hauser könnte, auch für Schmitt, der, wie es scheint, in Diskussionen mit Schülern darauf hindeutete, eine Figur der gespaltenen deutschen Identität sein. Nicolaus Sombart, Interpret des Schmittschen Werks, beurteilt das Hamlet-Buch als »den Versuch, uns seinen Fehler in Bezug auf Hitler zu erklären«. Vgl. sein Buch *Die deutschen Männer und ihre Feinde. Carl Schmitt: Ein deutsches Schicksal zwischen Männerbund und Matriarchatsmythos*, a.a.O., S. 358.

56 Friedrich Hölderlin, *Germanien*, in Gedichte, a.a.O., S. 334-337.

57 Michel, *Hölderlin. Der Sänger des Deutschtums*, in *Hölderlins Wiederkunft*, a.a.O., S. 161 ff.

58 Max Kommerell, *Der Dichter als Führer in der deutschen Klassik*, a.a.O., S. 477.

59 Friedrich Hölderlin, *Gesang der Deutschen*, in *Gedichte*, I, a.a.O., S. 305.

60 Martin Heidegger, *Hölderlins Hymnen »Germanien« und »Der Rhein«*. Freiburger Vorlesung 1934-35, hrsg. von Susanne Ziegler, in *Gesamtausgabe*, Bd. XXXIX, Frankfurt a. M. 1980. Einige Jahre später, 1939, widmete Romano Guardini, geistiger Anführer der katholischen Jugend und Theologieprofessor in Breslau und Berlin, Hölderlin eine »kanonische« Interpretation über die

enge Verbindung, die notwendig zum Verständnis des Dichters sei, zwischen Hölderlin und Deutschland: »In ihm ist nichts Kosmopolitisches; er wurzelt ganz in Familie, Volk und Heimat. Das unmittelbarste Zeugnis dafür bilden die beiden großen Dichtungen *Gesang des Deutschen* [...] und das noch herrlichere *Germanien*. Man muß zu den höchsten Schöpfungen geschichtsverbundener Dichtung greifen, um ein solches Eingewobensein in die Herztiefe des Landes, eine so ganz unsentimentale und geistig große Liebe zum eigenen Volke wiederzufinden, wie sie diese Hymne ausdrückt. Sie erinnert an die leidenschaftliche Erfülltheit Pindars durch die griechische Größe und wieder an die mächtigste, aus der Zeit in die Ewigkeit gespannte Inbrunst Dantes für Italien.« Romano *Guardini, Hölderlin, Weltbild und Frömmigkeit*, Leipzig 1939, »*Das Reich*«.

61 Wilhelm Michel, *Hölderlin. Der Sänger des Deutschtums*, in *Hölderlins Wiederkunft*, a.a.O., S. 161-162.

62 Wilhelm Michel, *Hölderlin. Der Sänger des Deutschtums*«, a.a.O., S. 162-163.

63 Hölderlin, *Germanien*, a.a.O., S. 337.

64 Eine Beschreibung des Gemäldes von Veit findet sich im Katalog *Die Nazarener* des Frankfurter Städel-Museums, Frankfurt a.M. 1977, S. 270ff.

65 J.G. Puhlmann war ein mittelmäßiger Maler, der unter der Protektion des Grafen von Braunschweig-Wolfenbüttel stand. Seine Briefe *Ein Potsdamer Maler in Rom. Briefe des Batoni-Schülers Johann Gottlieb Puhlmann aus den Jahren 1774-1787*, hrsg. von Götz Eckhart, Berlin 1979, sind eine nicht zu unterschätzende Chronik für das Lebens der Künstler in Rom vor der Revolution. Siehe auch Lea Ritter-Santini, *Venus' Kopf und Raffaels Hände*, in *Eine Reise der Aufklärung. Lessing in Italien*, Berlin 1993, S. 283-347.

66 Heidegger, *Hölderlins Hymnen*, a.a.O., S. 289.

67 *Ibid.*, S. 290.

68 Friedrich Nietzsche, *Also sprach Zarathustra*, in *Sämtliche Werke*, Kritische Studienausgabe, hrsg. von Giorgio Colli und Mazzino Montinari, Bd. IV, München–Berlin–New York 1980, S. 271.

Das Reich in den Wolken

Wenn man aus dem Zug rausguckte auf die ausgemergelten Zivilistenvisagen auf den Bahnsteigen, hatte man das Gefühl, ich bin voll und ihr seid leer und habt überhaupt keine Ahnung. In einigen Tagen werdet ihr mehr Ahnung haben, aber nie auch annähernd soviel wie ich; das Gefälle bleibt immer dasselbe, da kann ich euch nicht helfen. Handeln und Bescheid wissen können eben immer nur wenige.

(Felix Hartlaub, *[Im Sonderzug des Führers]*, im Winter 1944/45)

An der Schwelle des neuen Jahrhunderts erscheint ein fast erwachsener Ganymed, gemalt von Hans von Marées, dem Künstler, der zwischen der bürgerlichen Zeit Bismarcks und der Utopie der alten Welt nach ästhetischer Neuerung suchte: sein letztes Bild, das man 1887, nach seinem Tode, auf der Staffelei fand.[1] *(Abb. 51)* Die Idee, den vom Adler emporgehobenen Jüngling darzustellen, war kein überraschen-

51   Hans von Marées,
Ganymed. 1887.
Bayerische Staats-
gemäldesammlungen,
Neue Pinakothek,
München

der Einfall. In einer Studie aus dem Jahre 1885 weist das figurative Thema der *Entführung des Ganymed* noch konventionelle Merkmale auf. Der ambivalente Zauber zwischen Kindheit und Jugend gehört zur Tradition: schon Goethe verlieh ihn seinem Mundschenk in der *Achilleis*:

> Munter eilten sogleich die schenkbeflissenen, gewandten
> Jugendgötter hervor …
> Nur zu Kronion trat Ganymed, mit dem Ernste des ersten
> Jünglingsblickes im kindlichen Aug' und es freute der Gott sich.[2]

In dem Entwurf *(Abb. 52)* von Hans von Marées hat sich der Adler schon von der Erde entfernt, die Bewegung des Knaben ist jene der Beute, eines zur Verteidigung unfähigen Opfers. In den Skizzen am Rande und auf der Rückseite zeigt das Gesicht des Jünglings einen schmerzhaften Ausdruck, eine verbitterte Resignation. In einer anderen Zeichnung in quadratischem Format *(Abb. 53)*, um 1886/87 entstanden, besteht die Veränderung der Bildidee – die Kunstkritik führt sie auf das Vorbild des *Ganymed* von Girolamo da Carpi zurück – nicht nur in der Bewegung des vom Adler erhobenen Körpers; Ganymed umarmt den großen Raubvogel, der die Beine des Jünglings mit seinen Fängen umkrallt, eingeschlossen von einem nichtvollendeten Rahmen. Hans von Marées' Ganymed ist ein junger Erwachsener mit feinen Gliedern und langem, flammendem Haar, wie ein Krieger oder ein nordischer Heiliger. In Hinwendung zum Adler, Ikone des Wunsches nach Liebe, erinnert er sich nicht an die von Ovid erzählte Metamorphose, wohl aber an den Vokativ in Goethes Versen: »Aufwärts an deinen Busen, allliebender Vater«.[3]

In der Neuen Galerie in Kassel war während der *documenta V* eine Sektion der Ausstellung der politischen Ikonologie von Plakaten deutscher Parteien gewidmet: »Realität des Abgebildeten und Realität der Abbildung«.[4] Unter den verschiedenen Requisiten militärischer Embleme prangte ein einbalsamierter *Adler mit Gamskitz*, versehen mit der Beschreibung aus Brehms Tierleben (Leipzig 1924):

52 *(rechts oben)*   Hans von Marées, *Entwurf zur »Einführung des Ganymed«*. 1886. Staatliche Kunstsammlungen, Kupferstichkabinett, Dresden

53 *(rechts unten)*   Hans von Marées, *Entwurf zur »Entführung des Ganymed«*. 1887. Nationalgalerie, Berlin

Wenn der Adler mit blitzendem Auge, gesträubten Nackenfedern und halbgelüfteten Schwingen auf seiner Beute steht und wie gewöhnlich einen Siegesschrei ausstößt, ist er ein überwältigendes Bild stolzer Schönheit und markiger Kraft, dessen Eindruck sich niemand entziehen kann.

Das Bild, das den einbalsamierten Raubvogel konnotierte, war *Die Entführung des Ganymed* von Hans von Marées, begleitet von einem Zitat Julius Meier-Graefes, seinem Propheten zu Beginn des Jahrhunderts:

Unsere Erfahrungen von der Tragkraft eines Vogels bleiben unberührt [...] Wir kommen zu keiner Kontrolle an der Wirklichkeit, weil wir mit untrüglichen Zeichen überführt werden, daß es sich hier nicht um die Mitteilung eines außerhalb des Bildes Geschehenen handelt. Wir glauben daran, weil das im Bilde Gezeigte zur bildhaften Wirklichkeit wird. Marées entrückt den Vorgang der Natur.[5]

Kein Bild zum Beweis eines nach den Gesetzen von Natur und Politik immer wiederholbaren Ereignisses – die Gewalt des Angriffs und die Ohnmacht des Opfers – dürfte kontroverser sein als das des Malers, der, Goethe-Versen und der Vorahnung des eigenen Todes folgend, die ambivalente Sehnsucht darstellte, frei von der irdischen Schwere, sich einer höheren Macht hinzugeben.

Die Aufhebung des Mythos im Zeichen Goethes und der göttlichen Natur in tierische Epiphanie wirkt noch überzeugender, wenn man sie mit zwei Bildideen vergleicht, die von der Sphäre des kosmischen Erotismus des Aufstiegs wie vom Wunsch nach Auflösung und Erlösung der deutschen Künstler und ihrem romantischen Erbe gleichsam entfernt sind.

Gustave Doré wählte für seine Illustration des 9. Gesangs des *Purgatorio (Abb. 54)* jene Vision des Raubes des Ganymed, in der er, in eine lange Tunika gehüllt, mit göttlicher Keuschheit vom Schnabel des Adlers gehalten, dem Traum hingegeben, emporgehoben wird. In seinem Fluge gleicht er der pathetischen Passivität toter Körper, die als ambivalenter, ästhetischer Trost das Gedächtnis der Lebenden auf Grabmäler setzt.

Ebenfalls im Jahre 1886 – Zola schrieb sein *L'Œuvre*, und die Expressionisten stellten zum letzten Mal in Paris aus –, vollendete Gustave Moreau, Maler mythologischer Obsessionen, seinen Ganymed, eingefaßt wie ein Juwel mit einem hellen, zarten, androgynen Körper in das

54   Gustave Doré inv. Gauchard Brunier inc. *Illustration zum IX Gesang von Dantes Purgatorio*

Wappen eines großen, schillernden Raubvogels. Sein Haupt ist von einer Aureole umgeben, wie die eines Heiligen in Ekstase *(Abb. 55)*. Im Gemälde von Hans von Marées ist das Schweben nicht Zeichen der Seligkeit, sondern aktiver Wille, den nicht mehr kindlichen, noch dem Boden nahen Körper bis zu den Flügeln des Adlers zu erheben, die groß und düster fast den gesamten oberen Bildraum einnehmen. Im Hintergrund erkennt man die Umrisse einer Landschaft und den Schemen eines Hundes; die Umarmung ist Verheißung einer unbekannten Dimension von Freiheit, beschützter Einsamkeit, von Transzendenz.

Der Mythos von Ganymed wird zum utopischen Prinzip, er verwandelt sich in eine fiktive archetypische Figur, fähig, das Unbehagen und den Wunsch nach Erneuerung einer Zeit, die seit dem Kulturkampf Erbin falscher Siege war, zum Ausdruck zu bringen. Der Archetypus sollte in den ersten Jahrzehnten des neuen Jahrhunderts Symbol für das ästhetisch Neue bleiben, wie die Malerei von Hans von Marées, die – scheinbar aus rassistischen Gründen – vom Nazi-Regime aus den Museen verbannt wurde. Seine Modernität inspirierte später auch die *Pittura metafisica*, Felice Casorati und den jungen Giorgio De Chirico.[6]

Als Projektion des ambivalenten Wunsches, Vater und Sohn zugleich zu sein, wird das Gemälde von Marées, eingeschlossen in einem zerrissenen Oval wie ein Ahnenporträt, zum heraldischen Wappen der Weltentfernung, zum Emblem dessen, was »Komplex der Erwähltheit« heißen könnte.

»Erwähltheit« drückt nur teilweise den Gedanken der »Erwählung durch Liebe« aus, ein Begriff, der – nach Augustinus – seit dem Mittelalter der Christologie zugehört. Es ist die Liebe – *dilectio* und *praedilectio* –, die auszeichnet und zur Liebe verpflichtet.[7] Obwohl nur oberflächlich Form der Omnipotenz, die die Übel der Erde zu lindern, zur Liebe des Sublimen zu erziehen scheint, übt der »Komplex der Erwähltheit« die Macht aus, von jener Realität zu entfernen, die zum Anspruch auf Herrschaft herausfordert. Er wird von einem dialektischen Prinzip bestimmt, in dem das Bewußtsein oder der Ehrgeiz, außerordentliche Tugenden zu besitzen, dem Willen entspricht, anerkannt zu werden, im Zeichen der Treue des Gehorsams, und der Hingabe an jene höhere Instanz, die Schutz, Privileg und Macht verspricht.

Ganymed war schön und ein geschickter Jäger; wer sich in seinem Wunsch nach Erhebung wiedererkennt, muß sich als dessen würdig erweisen. Und welche Tugend wäre eine bessere Voraussetzung, als sich nicht aufzulehnen, sich Befehlen nicht zu widersetzen, um so lieber, wenn sie die archetypische Gestalt der Adlerflügel annehmen? Nur so

55   Gustave Moreau, *Ganymède*. 1886. Privatsammlung

läßt sich nach Überwindung aller Hindernisse der Olymp und die ewige Jugend erreichen.

Der Gedanke der Erwähltheit setzt jedoch einen Glauben voraus, vermittelt ein legitimes Selbstwertgefühl, bedeutet Hilfe im Überlebenskampf: die Spannung zwischen dem Einzelnen und der Gemeinschaft, die den Elitegedanken kontrastiert, wird von der Überzeugung aufgehoben, im Namen Gottes für die gerechte Sache zu kämpfen oder einem charismatischen Führer des Volkes zu folgen. Die Polarität zwischen der Auserwähltheit des Einzelnen und der Masse löst sich in der konkreten Illusion, einem von Gott gesandten Führer zu gehorchen. Das alte preußische »Gott mit uns«, das sich auf den Koppelschlössern der Wehrmacht wiederfindet, war nicht Formel der Überheblichkeit, sondern Beschwörung und Gebet, Glaube an eine legitime Erwähltheit. Es ist ein narzißtisches Bedürfnis, das sich in fatale Gefügigkeit und Angepaßtheit verwandeln kann, im Namen einer Autorität, deren Schutz andere nicht würdig sind: die anderen, weniger schönen, die bei der Jagd weniger Geschickten, die weniger Blonden, die weniger Hellhäutigen. Eine Konstellation, für die nicht nur Künstler, Dichter, Philosophen, Wissenschaftler empfänglich waren, sondern auch Bürger, Kleinbürger, Philister, Opfer des traumatischen Aufstiegs im Kampf um soziale Anerkennung. Der Ehrgeiz jener »Männer des Übergangs«, wie die Soziologie sie nennt, der »wilhelminischen Generation«, lastete auf ihren schwachen Erben. Wenn es stimmt, daß die eigenen Tugenden und Fehler im Spiegel der anderen irritieren, dürfte die Assoziation nicht abwegig sein, in dem Bewußtsein, zu den Bevorzugten zu gehören, eine Affinität zu jenem »Komplex der Auserwähltheit« zu sehen (er könnte auch – wie in Thomas Manns Roman – die biblischen Namen Benjamin oder Joseph haben), den Alfred Rosenberg, einer der düstersten Theoretiker des »Dritten Reichs« in seinem Buch *Der Mythus des 20. Jahrhunderts* als den spirituellen Charakter des jüdischen Volkes erkannte.[8]

»Ihr Doktoren, Ihr Intelligenten!«, erzählt Primo Levi[9], war die verachtende Anrede, mit der sich in Auschwitz der kriminelle, aber »arische« Kapo an die Juden wandte, denen er sich, trotz des verordneten Stolzes auf die eigene Rasse, an Bildung und Begabung unterlegen fühlte. Aus dem Volk der Gefangenen hatte der Kapo einen Liebling erwählt, den Pikkolo, der – geschickt und zielstrebig in eine höhere Rangordnung aufgestiegen – sein Vertrauen und Privilegien genoß. Grundformen des Überlebenskampfes?

Mit der Anerkennung ihrer intellektuellen Leistungen hatten die Juden in der Bismarck-Zeit die verfehlte Assimilation kompensiert, aber im Nationalsozialismus zwangen sie Konkurrenzkampf und Neid, sich aus ihrer Vorrangstellung in Bezirke abseits von Privilegien und Einfluß zurückzuziehen. Immer bedrohlicher erschien ihre zunächst aus wirtschaftlichem Kalkül zugelassene soziale Macht, und die Geretteten mußten erleben, wie jede Spur von jüdischer Kreativität und Intelligenz ausgelöscht wurde.[10] Es ist nicht nur eine psychoanalytische Erkenntnis, daß die Kompensation von Minderwertigkeitskomplexen verwundbar macht. Nie schmerzte die narzißtische Wunde im

Körper einer Nation so wild wie in Deutschland zur Zeit der »Unliebe« in der Wirklichkeit eines verlorenen Krieges, der zwar die »Doktoren« und die »Intelligenten« vernichtet hatte, aber für die Überlebenden eine Heimat forderte und den Anspruch auf eine absolute Erwähltheit als unbegründet darstellte. Zerbrochen der Spiegel der virtuellen Macht, mit dem Trugbild des von Gott gesandten Führers, verstellte sich der Wunsch nach Erwähltheit in der Fiktion einer aus Angst und Gehorsam erschaffenen Unschuld und mehr noch in der Verbitterung gegenüber der mißbrauchten Treue und dem erlittenen Unrecht, die nur Schweigetribunale bereit waren einzugestehen.

In der Imagination vermengten sich die Fabeln und Mythen von Erhebung und Erwähltheit; sie dienten den Ansprüchen der Gegenwart. Sie liehen ihre Umrisse den neuen Konstellationen, die die Geschichte in neuer Ordnung und anderer Bedeutung zusammenfügte.

Zu Beginn des Jahrhunderts notierte ein von der Gelehrsamkeit nicht besonders überzeugter Student, doch entflammbar wie der junge Goethe und Leser seiner Hymnen, rasche Inspirationen, die er später in seinem Tagebuch wie in einem Gitter in die Sprache seiner Zeichnungen und Gedichte übertrug. In knappen Zeichen hielt er das Protokoll eines Traumes fest: »Begegnung mit Prometheus-Traum von einem Dialog mit Ganymed.« Worüber hätten sich der von der Erde in den Olymp gelangte Jüngling und der junge Paul Klee wohl unterhalten?

»Über den Sternen will ich meinen Gott suchen«, und weiter, das Sehnen nach Unsterblichkeit:

> Ich bin Gott
> Soviel des Göttlichen
> ist in mir gehäuft
> dass ich nicht sterben kann.[11]

Es erscheint wieder das archetypische Bild:

> Ich aber bin über den Wellen,
> stark und frisch an Leib und Seele,
> Ich will münden zusammen
> mit dem großen Strom
> Münden will ich mit ihm.[12]

Der Wunsch nach amniotischer Symbiose verbindet sich mit Goethes Bild in der Hymne *Mahomets Gesang*, evoziert aber auch den *Stromgeist* aus Hölderlins *Ganymed*.

56   Max Klinger, *Christus im Olymp*. 1897. Museum der bildenden Künste, Leipzig

Das kosmische Bild der Identifikation mit Gott, nur scheinbar blasphemisch, behauptet die Göttlichkeit des Künstlers – alter deus – und seiner Inspiration. In dem Wunsch nach Synthese erfand das Fin de siècle die Utopie der Versöhnung zwischen heidnisch-antiker und christlicher Welt: Gestalten von hybridem Mystizismus erschienen in den Bezirken der bürgerlichen Bildung, die sich fromm wähnte und bereit war, an die nationale Offenbarung zu glauben.

1897 malte Max Klinger seinen *Christus im Olymp*[13] *(Abb. 56)*, einen der »metaphysischen Schwindel«, den man »mit dem Begriff des Germanischen erhöhen zu müssen glaubte«, urteilte Julius Meier-Graefe.

Mit züchtigen Kardinaltugenden im Gefolge tritt ein blonder Christus in den Olymp ein: Er spricht deutsch. In Konfrontation mit den alten Göttern steht er dem greisen Zeus gegenüber, der auf einem Thron sitzt; an ihn schmiegt sich Ganymed, dunkelhaarig, nackt und lasziv. Die blonde Psyche hat in Christus ihresgleichen erkannt und kniet vor ihm, während der dunkle, verlassene Amor Pfeile schleudert, die den neuen Herrn nicht treffen werden. In dieser »Marne-Schlacht des deutschen Geistes«, wie die vom theatralischen Bündnis von Kunst und Kult irritierte Kunstkritik spottete, siegt das Helle, Goldene über das schwarze Prinzip einer fremdartigen Rasse, die vergebens um ihre Macht kämpft.

Hat auch der schwarzhaarige Mundschenk ausgedient? Vielleicht nicht, denn er ist der einzige Bewohner des Olymps, der – wie Christus – um das irdische Leben weiß. Paul Klee träumte von einem Gespräch mit Ganymed: um von ihm, schon im Exil, den Weg zum Göttlichen zu erfahren?

Ein anderer Künstler, Maler und Stecher zwischen Rom und Leipzig, Otto Greiner (1869-1916)[14], Max Klinger und seinen Ideen nahe, zeichnete Ganymed als jungen Mann *(Abb. 57)*. Sein Flug in den Olymp ist Anspannung und Flucht. In seinem schmerzhaften Aufstieg klammert er sich an die Flügel des Adlers; unten bellen keine Hunde, sondern – als deren metaphorische Entsprechung – versuchen die Arme einer Frau ihn aufzuhalten. Kampf zwischen Körper und Seele, zwischen Kunst und Leben, nach der Tradition zwischen den beiden Prinzipien des Eros, zwischen dem unbewußten weiblichen und dem männlichen, das sich selbst erkennt und von ihm befreit. Die heroische Haltung des männlichen Körpers kontrastiert mit dem weiblichen, ein Boudoir-Akt, ganz heuchlerisch treu dem bürgerlichen Ideal des Fin de siècle. Daß die Unsterblichkeit nichts für Frauen sei, hatten ja bereits Xenophon und die siebenhundert Jahre bis zur Verkündung des Dogmas von Mariens Himmelfahrt gelehrt. Otto Greiner betrachtete den Olymp als legitimen Aufenthaltsort für Künstler, die, wie der Christus von Klinger, durch ihr Leiden den göttlichen Bezirk eroberten, dem sie seit langem untertan waren und den sie nun regieren wollten.

57 Otto Greiner, *Ganymed*. 1898. Museum der bildenden Künste, Leipzig

Die Erfahrung des Krieges schied in starker Dichotomie die Sphäre der realen Schwerkraft, der Treue und der weiblichen Geduld überlassen, von jener des männlichen Heldentums, geweiht von der Tragik der Gewalt und der kriegerischen Verführung zur Omnipotenz. Der Held des Romans von Joseph Goebbels, bedroht von mystischen Verwirrungen und nationalistischer Ekstase, vermerkte in seinem Tagebuch: »Sensationelle Idee – Christus im Olymp – Antagonist von Zeus« – dachte er an den germanischen Christus von Max Klinger? Er wollte ein Drama *Christus* schreiben. Am 20. Februar (vermutlich des Jahres 1921) ist er bis zum Prolog gekommen; die Protagonisten sind »der Dichter und der Zeitgeist«, der Schauplatz ihrer Begegnung »die Wüste vor der Welt«:

> Dichter: Doch in dem letzten Ringen
> Wird er die Starken zueinanderreißen.
> Geist ist Gott!
> [...]
> Wir schauen
> Vom sicheren Port,
> Wie die entgötterte Gesellschaft
> Der alten, heiligen Europa
> Zusammenstürzt.
> Das Spiel beginne.

Das Spiel begann in der Tat in den zwanziger Jahren für die alte, heilige Europa, und das Drama kündigte seinen Verlauf an. Die Tagebuchnotiz vom 22. März war ein einziges Jubeln: »Meine Feder hat Flügel. Alles in mir ist dramatische Poesie.« Am 4. April dann der Epilog:

> Dichter und Zeitgeist in der Wüste hinter der Welt.
> Dichter: Ich bin gesegnet worden,
> In mir löst sich die Pein.
> Ich wache auf,
> Ich lebe, ich glaube!
> Machtvolles Wort, Du Löser meiner Qual,
> Mit meinen Händen faß' ich Dich
> Und forme Dich zum leuchtenden Fanal der Zeit.
> Ich stehe auf, ich habe Kraft,
> Tote zu wecken.
> Sie wachen auf aus tiefem Schlaf,
> Nur wenige erst, doch mehr und mehr.
> Die Reihen füllen sich, ein Heer steht auf,
> Ein Volk, eine Gemeinschaft.

Gedanke bindet uns,
Wir sind vereint im Glauben,
Im starken Willen
Nach junger Form und Fülle der Verheißung
Und werden so das neue Reich gestalten.[15]

Das Spiel sollte bis zum Ende des neuen Reiches weitergehen. Zehn Jahre später entflammte Europa das »machtvolle Wort«, zum leuchtenden Fanal von einem ehrgeizigen und vermessenen »Michel« geformt, der an Christi Stelle trat, und erschien wie eine perverse Umkehrung des Traums von Jean Paul und seinen ironischen *Belustigungen*, in denen der Held in der »Zirbeldrüse« der »Jungfrau Europa« saß.

Gloriole oder Krone, aus Lorbeer, Dornen oder Bajonetten, mindestens ein Lichtreif muß die Figuren, die nicht ganz der Erde angehören und die hoch über die Wolken aufgestiegen sind, auszeichnen. Die säkularisierten Attribute des Ruhms waren der Ikonographie der Genien eigen, der Helden, der Sieger wie jenen antiken des »Amore della virtù« oder des »Onore in aria«, die nun von der politischen Ikonologie usurpiert wurden. Wenn der Sieg auch keine Vorliebe für die jungen, noch unerfahrenen Kämpfer gezeigt hatte, rekurrierte Stefan George, um einen *Jungen Führer im ersten Weltkrieg* zu zelebrieren, auf das alte Bild:

Alles wozu du gediehst   rühmliches ringen hindurch
Bleibt dir untilgbar bewahrt   stärkt dich für künftig getös.
Sieh · als aufschauend um rat   langsam du neben mir schrittst
Wurde vom abend der sank   um dein aufflatterndes haar
Und deinen scheitel der schein   erst von strahlen ein ring
Dann eine krone.[16]

Das Bewußtsein, durch das Schicksal einem privilegierten Vaterland anzugehören, tröstete die im Glauben vereinten Jünger über die Niederlage hinweg. Der »Stern des Bundes« würde sie weiterhin leiten, Gott war mit ihnen:

Gottes pfad ist uns geweitet
Gottes land ist uns bestimmt
Gottes krieg ist uns entzündet
Gottes kranz ist uns erkannt.
Gottes ruh in unsren herzen
Gottes kraft in unsrer brust

Gottes zorn auf unsren stirnen
Gottes brunst auf unsrem mund.
Gottes band hat uns umschlossen
Gottes blitz hat uns durchglüht
Gottes heil ist uns ergossen
Gottes glück ist uns erblüht.[17]

Der Abschlußchor des *Stern des Bundes* beschloß am 5. Dezember 1933 die von Claus Graf Schenk von Stauffenberg vorbereitete Totenwache für den Meister.[18] Zwei Tage später legte Ernst von Weizsäcker, Vertreter des Reichs, einen Kranz am Grab des Dichters nieder, der zwar die Auszeichnung der Akademie ausgeschlagen hatte, aber von vielen als ein geheimer Führer betrachtet wurde.

Der deutsche Geist strahlte nun, obwohl ihm einer seiner Propheten genommen worden war, aus eigenem Licht. Ernst Robert Curtius, im George-Kreis nicht zugelassen, aber dem Geist seiner Gesetze nicht fern, sah zu Beginn der dreißiger Jahre dessen Bedrohung und erklärte in *Deutscher Geist in Gefahr*, worauf sich seine Überlegenheit gründet:

Es will mir scheinen, daß heute wie vor hundert Jahren die wertvollsten Leistungen des deutschen Geistes sich auf dem Gebiet der wissenschaftlichen, der philosophischen und der außer- und überfachlichen Erkenntnis vollziehen. Wenn irgendwo, dann sind wir hierin den anderen europäischen Nationen überlegen. Der deutsche Geist hat nicht entfernt in demselben Maße wie der Franzose oder der Engländer den Rückhalt an einer klar aufgebauten Gesellschaft und an wohlgefällig ausgebildeten Lebensformen. Aber dafür hat er in viel stärkerem Maße als die Westvölker ein metaphysisches Bedürfnis, einen philosophischen Drang zum Wesensurgrund aller Dinge. Die Elemente, die Gründe und Sinnzusammenhänge der Natur, der Geschichte und des übergeschichtlichen Geistes, das ist das große Thema des deutschen Denkens, und mit diesen Aufgaben ringt es und in diesem Ringen trägt es Siege davon, die den Rationalismus der Westvölker unendlich überflügeln.

Wenn ich mit einem Worte zusammenfassen soll, was ich meine, so ist dies: In Deutschland, und nur in Deutschland, wird heute eine neue Erkenntnis des Menschen erarbeitet.[19]

Und er nannte die »philosophische Anthropologie« Max Schelers, die »philosophische Ontologie« Martin Heideggers, den »Geist des Paracelsus« in der Medizin, »die Konstitutionsforschung«, die »Typenlehre des Menschlichen« das neue Verständnis vom »geologischen Schichtenbau der Kulturen«, »das große Ringen des magisch-dämonischen und des rationalen Weltbildes« bei Aby Warburg. Er vergaß auch die Soziologie nicht und rechnete sie darum »neben der Phänomenologie, [...] der Religions- und der Kunstwissenschaft, der neuen Medizin und der neuen Kulturforschung zu den wichtigsten Fermenten und Trägern der Renaissance des Erkennens die sich mit stets zunehmender Deutlichkeit als ein Wesenszug und Wert unserer sonst vielfach fragwürdigen deutschen Gegenwart abzeichnen«. Die gleichen Fermente verwandelten auch das Bewußtsein der bildenden Künstler, die im Begriff waren, zu »Entarteten« zu werden, und später dann »verbotene Bilder« malen konnten.

Kurz nach dem Ersten Weltkrieg, 1919, hatten einige Künstler, Schriftsteller und Industrielle, die Hugo von Hofmannsthal, selbst wenn es nur wenige waren, als »das Bewußtsein einer Epoche« bezeichnete, eine Gesellschaft mit dem Namen »Hans von Marées« gegründet, dem Maler, dem es wie keinem anderen zwischen Italien und Deutschland gelungen war, das tiefe Unbehagen der bürgerlichen Kultur, ihr Gedächtnis des klassischen Mythos und das entfremdete Bewußtsein des Verlustes seiner Fiktion in Bildern auszudrücken. Die Marées-Gesellschaft, der Julius Meier-Graefe, der Kunsthistoriker, der dem Werk des Künstlers die erste große Studie widmete, Paul von Mendelssohn-Bartholdy, Harry Graf Kessler in Weimar und Hugo von Hofmannsthal in Wien angehörten, gab eine Zeitschrift heraus, die auch vom Namen her der ästhetischen Strenge der »Blätter für die Kunst« nahe schien: *Ganymed*.[20]

War es nur, weil das letzte Werk des Malers, sein *Ganymed*, die irenischen Farben des »Gartens der Hesperiden« oder der Fresken in der Stazione Zoologica in Neapel verfinstert hatte? Im Zeichen des Götterlieblings, der an ihrer Tafel Nektar und Ambrosia ausschenkt, druckte die erste Nummer der »Blätter« einen Vergleich der Malweise von Marées mit der von Cézanne und gleichzeitig den Aufsatz von Wilhelm Michel über Hölderlins *Ganymed*.

Neue Techniken – Film und Fotografie – veränderten die ästhetische Wahrnehmung und hielten in realen Bildern Erfahrungen fest, die bislang nur als Traum- oder Dichterphantasien beschrieben worden waren. Obwohl die Faszination des Fluges, der Rausch, über den Wolken zu schweben, schon in Stefan Georges *Entrückung* als vorgelebte Empfindung erschienen, ließen die neuen, wirklichen mit ihren visuellen, sinnlichen Überzeugungen staunen.

Es geht vorbei an phantastischen Wolkengebilden, die um die Gipfel ragen und durch die wir mittendurch stoßen, um an dem andern Ende wieder jagend herauszukommen. Alle Ängste sind vergessen in diesem Augenblick. Da lie-

58   Leni Riefenstahl, *Ernst Udet umfliegt den Montblanc mit abgestelltem Motor.* 1933

gen die trotzigen Riesen tief unter uns, hingestreckt wie schlafende Eisbären. Doch im Augenblick ändert sich alles. Heftige Fallböen wirbeln uns wie ein Blatt Papier herum – an messerscharfen Graten vorbei. Die eben noch schlafenden Berge werden wild. Fauchend und brüllend stürmen sie gegen den kleinen Vogel, bebend wogen die Flanken über eisige Gletscher, blauschwarz öffnen sich die Schlünde unermeßlich tiefer Spalten, in die ich noch nie hineinblicken konnte. [...] Ich schreie auf – eben sehe ich in den Himmel – eine Sekunde später habe ich ihn unter mir – Luft – und einen Abgrund [...].[21]

Dies sind nicht die Eindrücke eines Gefährten von Gabriele D'Annunzio im Flug über Brescia oder Wien, sondern die einer verwegenen Fotografin und Filmregisseurin, die die schauspielerische Begabung des neuen Führers erkannt hatte und zu nutzen wußte: Leni Riefenstahl. Zu Beginn der dreißiger Jahre fliegt sie mit der kleinen Maschine von Ernst Udet über den Montblanc, um den Protagonisten zu filmen (*Abb. 58*), der auf einen der höchsten Gipfel geklettert war, um dort auf den großen Vogel zu warten, der mit abgestelltem Motor wie ein rettender Bote erscheinen sollte.

Wer, als Bewohner einer mittelmäßigen irdischen Wirklichkeit und

164

mit zweifelndem Bewußtsein über die eigene Erwähltheit, Dichtern und Philosophen von Schwindel erfaßt in die Abgründe des Daseins gefolgt war, bedurfte kräftiger Schwingen, um auf die Höhen des neuen Reiches befördert zu werden, das das »Dritte« genannt wurde. In den Tempeln waren die Janusgesichter im Mythos der militärischen und männlichen Solidarität, wie der des sportlichen und politischen Wettkampfs nicht mehr deutlich zu unterscheiden.

Leni Riefenstahl fügte zehn Jahre nach Erklimmen des *Heiligen Bergs* (1926) – für Hitler ein Gipfel ästhetischen Vergnügens – in die Sequenzen ihres Films über die Olympischen Spiele in Berlin[22], »die wiedererwachte Antike«, und die deutsche Gegenwart, »das auferstandene Deutschland«, in einer ehrgeizigen Synthese von starkem ästhetischem Reiz zusammen. Die Antike diente auch Hitler als Spiegel, er verstand den Griechenland-Mythos[23] als ein Element der ästhetischen Erziehung der Deutschen:

Es liegt im Zug unserer heutigen materialisierten Zeit, daß unsere wissenschaftliche Ausbildung sich immer mehr den nur realen Fächern zuwendet [...] Diese muß im Gegenteil stets eine ideale sein. Sie soll mehr den humanistischen Fächern entsprechen und nur die Grundlagen für eine spätere fachwissenschaftliche Weiterbildung bieten [...] Insbesondere soll man im Geschichtsunterricht sich nicht vom Studium der Antike abbringen lassen. Römische Geschichte, in ganz großen Linien richtig aufgefaßt, ist und bleibt die beste Lehrmeisterin nicht nur für heute, sondern wohl für alle Zeiten. Auch das hellenische Kulturideal soll uns in seiner vorbildlichen Schönheit erhalten bleiben. Man darf sich nicht durch Verschiedenheiten der einzelnen Völker die größere Rassengemeinschaft zerreißen lassen. Der Kampf, der heute tobt, geht um ganz große Ziele: eine Kultur kämpft um ihr Dasein, die Jahrtausende in sich verbindet und Griechentum und Germanentum gemeinsam umschließt.[24]

Albert Speer erläuterte, in welchem Sinne diese Gedanken gelesen werden sollten:

Die Kultur der Griechen bedeutete für Hitler auf jedem Gebiet die höchste Vollendung. Ihre Lebensauffassung, so wie sie sich beispielsweise in der Architektur äußere, sei »frisch und gesund« gewesen. Eine Tages regte ihn das Foto einer schönen Schwimmerin zu schwärmerischen Überlegungen an: »Was für herrliche Körper Sie heute sehen können. Erst in unserem Jahrhundert nähert sich die Jugend durch den Sport wieder den hellenistischen Idealen [...].« Mit den Griechen meinte er die Dorer. Natürlich war die von Wissenschaftlern seiner Zeit genährte Vermutung dabei im Spiel, daß der von Norden eingewanderte dorische Volksstamm germanischen Ursprungs und daher seine Kultur nicht der mediterranen Welt zugehörig gewesen sei.[25]

59   Leni Riefenstahl, *Mythischer Prolog*. Aus »Schönheit im Olympischen Kampf«. Berlin 1937

Leni Riefenstahls Film von der Eröffnungsfeier begann mit einem »mythischen Prolog«, in dem *Aphrodite und Faun* erschienen. Im Vordergrund der Schatten des Barberini-Fauns, Symbol des Schlafs der Athleten, den das aus Griechenland nach Deutschland getragene olympische Feuer für die Dauer der Wettkämpfe erwecken sollte. Er wird beschützt – doch aus der Ferne – von der steinernen, ins Licht getauchten Aphrodite *(Abb. 59)*. Die Jünglinge, die jungen Männer waren bereit, sich mit ihren Stäben vom Boden des Stadions emporzuschwingen *(Abb. 60)*. Ihre Siege in vielen sportlichen Wettkämpfen ließen schon in symbolischen Bildern während der Olympischen Spiele das Bewußtsein von der Überlegenheit der »Rasse« erahnen.

Als symbolisches Bild durfte auch gelten, was Zufall und archäologische Forschung zum Ruhm der Olympischen Spiele beitrugen: der Fund der Zeus-Figur bei den Grabungen, die Hitler veranlaßt hatte, um das von Pindar besungene Stadion der Wettkämpfe in Olympia »aus der Erde zu heben«.

60   Leni Riefenstahl, *Das Olympische Feuer*. Aus »Schönheit im Olympischen Kampf«. Berlin 1937

Der letzte Fund, über den zu berichten ist, gehört zu den schönsten Antiken, die überhaupt aus der Erde gehoben worden sind. Es ist die Zeusgruppe [...]. Kein Fund der neuen Ausgrabungen hat ein so helles Licht auf die Vorstellung vom Wesen des Zeus in der Zeit unmittelbar vor Aischylos geworfen wie diese Gruppe. Man stelle sich vor: der Vater der Götter und Menschen am First eines Tempels erscheinend, nicht in hieratischer Gehaltenheit und Tektonik, wie es der Gattung des Akroters angemessen wäre, nicht als der Schützer des Heiligtums, mit dem Zepter herrschend, sondern mit dem Wanderstab weit ausschreitend, um die schöne Beute, den Knaben Ganymed behutsam im Arm tragend in den Olymp zu entrücken, damit er als schönster Sterblicher die

Götter als Mundschenk erfreue. In der Linken hält der Knabe noch den kleinen Kampfhahn, mit dem er gespielt hat. Er wehrt nicht dem göttlichen Zugriff, und sein schwarzes Haar weht auf die Schulter des Gottes.[26] *(Abb. 61)*

Mit Staunen entdeckt man eine Ikonographie, die dem diesseitsfreudigen Geist und den leichten Siegen zu entsprechen scheint:

In dieser unmittelbar menschlichen Art der Empfindung haben wir die Entrückung des Ganymed noch nicht gekannt. Man denke an die Verfolgungsszenen der Vasenbilder oder die theatralische Apotheose durch den Adler seit dem 4. Jahrhundert. Es ist der diesseitsfreudige Geist der Dichter der Zeit um 500, der dieses Bild erst möglich macht, der balladenhafte Erzählerton des Ibykos und Bakchylides. Und wie diese Gruppe durch den Geist ihrer Erfindung und Empfindung über alles Bekannte hinausgeht, erhebt sich auch die plastische Gestaltung weit über die handwerklichen Arbeiten der Zeit.[27]

Der in Olympia von deutschen Archäologen ausgegrabene Zeus mit dem Knaben Ganymed war eine Ikone irdischer Herrschaft, Verheißung sicherer Erwählung für die Jünglinge, die Zeus dienen und des Olymps würdig sein sollten. Am Eingang des »Reichssportfeldes« in Berlin konnten die Teilnehmer und die Zuschauer der Olympiade die in Marmor gehauenen Schlußverse des Hölderlin-Gedichts[28] *Der Tod fürs Vaterland* lesen:

> Lebe droben, o Vaterland,
> Und zähle nicht die Toten! Dir ist,
> Liebes! nicht Einer zu viel gefallen.

Droben, so schien es, existierte tatsächlich dieser Raum, der auf Erden von den Helden erobert werden mußte – wenigstens im Gedächtnis der Tradition. Für die antike Welt bedeutete »*sterben* von einem Gott geliebt zu werden« und in dieser Liebesvereinigung am göttlichen Leben teilzuhaben.[29] Auf römischen Sarkophagen erscheinen häufig Darstellungen mit den Liebschaften der Götter: Amor und Psyche, Bacchus, der Ariadne tröstet, Diana, die den schlafenden Hirten Endymion küßt, Zeus, der Ganymed entführt. Sie erzählen die Liebe eines Gottes – oder einer Göttin – für einen Sterblichen und sind symbolische Bilder des Todes. Szenen mit der Entführung des Ganymed waren für junge Tote bestimmt, wie noch Lessing wußte, der in seinem *Wie die Alten den Tod gebildet* den gelehrten Antiquar Klotz angriff, weil er den geflügelten Genius des Todes auf einem Sarkophag mit

61 *Zeus raubt Ganymed.* Um 480/70 v. Chr. Olympia, Museum

jenem der Liebe verwechselt hatte. Nur Achill wollte dem Schicksal
widerstehen, und es war Athena, die – in Goethes *Achilleis* – den jungen todgeweihten Held über den Verlust des Leben tröstet:

> Aber der Jüngling fallend erregt unendliche Sehnsucht
> Allen Künftigen auf und jedem stirbt aufs neue
> der die rühmliche Tat mit rühmlichen Taten gekrönt wünscht.[30]

Für die ersten gefallenen jungen Männer schuf Arno Breker, wenige
Jahre nach den Olympischen Spielen, eine männliche *Pietà*, die das
Bild des Mythos von Ganymed in tödlichen Heroismus zu übertragen
scheint *(Abb. 62)*. Der älteste seiner »Kameraden« (1939/40) hat weder den Zorn von Menelaos, der den Patroklos schützt, noch die alte
Macht des Zeus vergessen. Er stützt einen Jüngling, der Opfer eines
grausamen Adlers geworden ist.

Die Gefallenen gingen, indem sie fielen, »aus einer unvollkommenen in eine vollkommene Wirklichkeit, aus dem Deutschland der zeitlichen Erscheinung in das ewige Deutschland ein«. Ernst Jünger ist davon überzeugt:

Daher sind sie, die in Gesellschaft hoher Geister das geheime Reich bevölkern, dem die Quelle unserer Gefühle, Taten und Gedanken entspringt, so lebendig wie keine andere Erscheinung dieser Welt. [...] Kein anderes Zeichen dieser Zeit ist mehr zu begrüßen, als daß die deutsche Jugend sich der symbolischen Erscheinung des Frontsoldaten als ihrem Vorbilde zuzuwenden beginnt. Hier wird ihr, unter den flüchtigen Gebilden, die uns umringen und hinter den lackierten Fassaden der Zivilisation eine Größe begegnen, die mythische Maße besitzt.[31]

Einige Jahre später jedoch, in der mythisch-realen Landschaft der Marmorklippen, erkannte Ernst Jünger die Bedrohung der »dunklen Brut« und benutzte den Mißbrauch der Symbole, um ihre Vermessenheit anzuklagen:

Ein schlimmes Zeichen lag auch darin, daß die Verwirrung auf die Toten-Ehrung übergriff [...] Seit Anbeginn gab es zwei Maße für die Toten-Ehrung, von denen das übliche das Elegeion war [...] Dann aber gab es das Eburnum, das im Altertum den Erlegern der Ungeheuer [...] vorbehalten war [...]. Das klassische Eburnum mußte in höchster, erlauchter Heiterkeit gehalten sein; es hatte in Admiration zu enden, während deren aus zerbrochenem Käfig ein schwarzer Adler in die Lüfte stieg.[32]

In der Zeit der Kämpfe, in der selbst die Sprache sich mit Worten durchsetzte, »die sonst dem Ungeziefer galten, das ausgerottet, vertilgt und ausgeräuchert werden soll«, wurde nicht mehr zwischen dem Hohen und dem Niederen unterschieden:

Während ein jeder die anderen Toten kaum für würdig hielt, bei Nacht und ohne Licht verscharrt zu werden, sollte um die Seinen das Purpurtuch geschlungen werden, es sollte das Eburnum klingen und der Adler steigen, der das Lebensbild der Helden und Seher zu den Göttern trägt.[33]

Waren die Götter bereit, so viele Adler und Helden zu empfangen?

Die Jugend glaubte, in Deutschland eine kollektive Entrückung zu erleben, eine Ekstase von starker Identität, die Illusion, aus den Niederungen der Langeweile und Arbeitslosigkeit emporgehoben zu werden, eine Erhebung aus Braunhemden, Fahnen und Adlern, die in ihren

Fängen einen Lorbeerkranz mit dem Hakenkreuz in der Mitte hielten, antikes Symbol für die Sonne. Es konnte fast als ein Opferritual vor der Ankunft eines dämonischen Kairos erscheinen, wenn die Werke der Nicht-Erwählten den Scheiterhaufen übergeben wurden, um so die große Entfernung von menschlichem Maß und von der Überlegenheit eines Geistes zu feiern, der sich in allen Wettkämpfen für siegreich hielt.

Es kommt schließlich auf die Alternative Heraklit – Parmenides, Werden – Sein heraus. Im zweiten Falle: Alle Menschen sind der Vernunft teilhaftig; im Staate zusammenlebend, sollen sie nicht ihre eigene zufällige, einseitige Seelennatur entscheiden lassen [...]. Oder man gibt eben dem alten Heraklit, wie er doch wohl aufgefaßt werden muß, Recht, und dann findet man auch ein positives Verhältnis zum heutigen Deutschland. Man verneint, daß der Mensch am Logos teilhabe und ihm die Natur, auch die geschichtliche Natur, unterordnen müsse. Gegeben ist das Individuum, gegeben ist Volk und Staat[34].

schrieb ein junger Student seinem Vater im April 1933 aus Neapel, unschlüssig, welche – nach abgeschlossener Hochschule – seine wahre Berufung sei, ob die des Historikers oder Schriftstellers:

Im Nebeneinander dieser beiden Dinge hat das Zweite schon längst das Erste besiegt und wird es auch immer wieder besiegen, wird an Stelle der Ichempfindung die Zugehörigkeit zu Volk und Staat setzen. Und diese Empfindung ist das Erste und Letzte auf der Welt, für sie muß das Leben eingesetzt, ihr die Macht verliehen werden. [...] Wer den Sprung in diesen Naturismus machen kann, ist heute geborgen. Wer irgendeinen Hauch von der Empfindung des Dualismus zwischen Wirklichkeit und ewigem Sein, zwischen Volksinstinkt und allgemeiner Tugend in sich verspürt, ist geistig und materiell entwurzelt.[35]

Der junge Felix Hartlaub, genial, melancholisch, wie Klaus und Golo Mann Vertreter einer Generation schwankend zwischen Auflehnung und Unterordnung gegenüber der Autorität der humanistischen Tradition, wurde in den Kriegsjahren von 1942 bis 1945 Chronist am Kriegstagebuch im Hauptquartier des Führers. Sein Lehrer Walter Elze, der in den zwanziger Jahren mit Max Kommerell und Friedrich Wolters zum George-Kreis gehörte, hatte ihn dafür empfohlen. Elze selbst hatte in einer Rede über *Frühe Grundlagen deutscher Weltpolitik und Weltgeltung* die Schaffung des Reiches nach seiner Theorie vom »Herd des Lebens« gefeiert.

Was wir ahnen und wissen sagt uns ferner, daß aus unserem Herd des Lebens wiederholt Vorgänge hervorbrachen, die wir als Lebensstöße bezeichnen können. Es mag noch umstritten werden, ob schon jener Lebensstoß, der als Indogermanisierung bezeichnet wird, aus dem von Rhein und Donau gebildeten Erdenwinkel hervorging, der unsere Heimat birgt. Kein Zweifel aber besteht darüber, daß die entscheidende Einzel- und Gruppendurchdringung des römischen Erdkreises und die Völkerwanderung aus dem Rhein-Donau-Winkel vorbrachen. Zu der Erdhaftigkeit gesellt sich – um einen von Goethe gern verwendeten Begriff zu gebrauchen – ein »Dämonisches« im Deutschen, ein unenträtselbares Belebungsvermögen als zweites Merkmal unseres Volkes.[36]

Der Militärhistoriker beschränkte sich weder auf das geopolitische noch auf das metaphysische Thema:

Die Indogermanisierung hat einst in den überwanderten Ländern und Völkern die Geschicke umgeformt und aus Tat und Geist die wunderbarsten Gebilde menschlicher Ordnungen und Leistungen hervorgebracht. Die ähnlichen Folgen der Völkerwanderung übersehen wir mit voller Klarheit und erkennen in ihnen die Wirkung einer gestaltenden Kraft, die wir wieder mit einem Goethe'schen Wort als »symbolisch« bezeichnen wollen. Die Befähigung zum Symbol ist ein drittes Merkmal unseres Volkes.
Erdhaftigkeit, dämonisches Belebungsvermögen und symbolische Gestaltungskraft dürfen wir also in unserer Volkheit verehren.

Das war nicht wenig für diese »Volkheit« im Herbst jenes Jahres, in dem Hitler durch den Arc de Triomphe gezogen war. Walter Elze wollte in der Geschichte den Grund für diesen Ruhm finden: für ihn waren »Theoderich der Ostrogote« und Chlodwig der Franke, »der Deutsche am Rhein«, Gestalten, die sich damals »vor allen anderen in unserem Ahnenraum aufrichteten«, und dieser wunderbaren Genealogie anzugehören war Privileg. Es verwundert kaum, daß im geeinten Deutschland und seinen unsichtbaren Grenzen Felix Hartlaub, Schüler von Walter Elze, Chronist am Kriegstagebuch im Führerhauptquartier, derjenige ist, der von jüngeren Schriftstellern für einen verlorenen Wahlverwandten gehalten wird:

»Kein anderer Schriftsteller seines Alters ist damals erzählerisch soweit vorgedrungen in die innerzivilisatorischen Wüsten der Weltkriegszeit, keinen hat Entwurzelung in solche Hellseherei getrieben«, schreibt Durs Grünbein, dem Hartlaubs kluger Sarkasmus, die Röntgentechnik seiner Desillusionierung nicht fremd sind. »Es ist Zeit, diesen verheißungsvollen Autor unter der Tarnkappe hervorzuziehen« – die Anerkennung des Nachgeborenen, der seiner mit wehmütiger Nachsicht gedenkt, gleicht einer Beschwörung: »Heute, fünfzig

Jahre nach seinem Tod im zerschossenen Berlin, empfinde ich Trauer wie um einen entfernten Verwandten. Mit ihm ist der Nachkriegsliteratur ein Stück möglicher Geistesgegenwart verloren gegangen.«[37]

Seine Widersprüche und die tragische Ambiguität, gespalten zwischen Zynismus und Verzweiflung, spiegeln die Gewalt der Geschichte wider. Auch Hartlaub wurde als ein Frühvollendeter bezeichnet, unter der Tarnkappe von Siegfried seiner Stimme als Schriftsteller beraubt.

In der grauen Uniform eines Obergefreiten, in den Sperrkreis eingetreten, bemerkt der junge Historiker die mechanische Stille der Befehle, und zerrissen zwischen dem Bewußtsein der Privilegien und dem Zwang, sie konkret zu leben, flüchtet er in das riskante Abenteuer des Schreibens. Auf Seiten von halluzinierter träumerischer Verstörung stellt er sich in einem fiktiven Gespräch mit einer Mitarbeiterin als neuer Kriegsherr vor:

Das hätten Sie sich nicht gedacht, daß Sie den komischen kleinen Kriegstagebuchführer dereinst als verantwortlichen Leiter der Geschicke des Reichs wiederfinden würden. Mir ist es auch wie ein Traum, allerdings ein sehr klarer, folgerichtiger. Wissen Sie, wen einmal der Strudel der Macht gepackt hat, wer einmal die Last eines großen geschichtlichen Auftrags spürt, den läßt es einfach nicht mehr los. Und wenn dann eine schicksalhafte Verknüpfung von Umständen eintritt … Ich persönlich war einerseits ganz unbeschrieben, andererseits, vom Kriegstagebuch, zutiefst vertraut mit dem staatsmännischen und feldherrlichen Vermächtnis des Führers.[38]

Kein Bild des zerstörten Raumes, in dem das Schicksal Europas sich vollendete, könnte mit perverserer, kleinbürgerlicherer Banalität die lichtlose Wirklichkeit wiedergeben, die das Trugbild der Omnipotenz noch immer vorspiegelte. Nur wenigen ist es vorbehalten, sich frei darin zu bewegen.

Der Führerbunker, nichts Ausweis, nichts Durchsuchung. Tiefe Polstersessel, ein Strauß Gladiolen, das Bismarckbild mit den sprühenden Augenbrauen, den durchwachsenen Augenbällen, die Rute des Wolfshundes klopft den Teppich.[39]

Der kurze Text von Hartlaub endet mit einem Satz, der die Wirklichkeit der »Träumerei« war:

Also, ich schaffe es nicht mehr, bin am Rande. Sagen Sie mir, wie Sie es sich denken …[40]

Der verstörte Obergefreite beschrieb den stillen Wahn im Zentrum der zerfallenen Macht. Er verschwand einunddreißigjährig – Mord

63 Cesare Ripa,
Ingenium. Aus Iconologia.
Roma 1603

oder Selbstmord – im April 1945 in Berlin, in den Tagen, in denen der unterirdische Olymp und seine Götter zusammenbrachen.

Doch selbst dieser Olymp war von Adlern beschützt, den grausamsten in der Geschichte des Mythos:

> Wir sind des Reiches leibhaftige Adler,
> wir sind die Fittiche, die Kraft und auch die Wehr.
> Es wachsen Söhne, und es reifen Saaten,
> im ganzen Land marschieren die Soldaten.
> [...][41]

Die Fiktion des Liedes besang einen Staat, in dem die Soldaten »inmitten des Landes Adlerhorste bergen«. »Die wahre Frau liebt den Adler«, proklamierte in seinem Roman der Zerstörung Joseph Goebbels' *Michael*, während »das Weibchen die Flügel stutzt und ihn zum Hausvogel macht«. Die neuen, teratomorphen Engel sind bereit, dem Willen ihrer Herren zu folgen, so auf Erden wie im Himmel:

> Es blitzen hell die Schwingen hoch im Blauen
> und in dem Land entsteht ein tief Vertrauen[42]

Die Flügel des Adlers, tragische, pervertierte Metapher der Herrschaft des Geistes *(Abb. 63)*, wuchsen aus steifen Schultern ohne Erinnerung

175

64 Richard Klein, 1937

an den platonischen Liebreiz, der ihnen die Kraft gibt, sich in die Höhe zu schwingen *(Abb. 64)*.

Während der langen Stunden des Eingeschlossenseins glaubten die Männer von Hitlers Leibstandarte in den Schatten an den Wänden ihrer Höhle – im Bunker neben der Reichskanzlei, der erst nach dem Fall der Berliner Mauer entdeckt und wieder zugeschüttet wurde – die

65 *Wandbilder.* 1941-45. Bunker von Hitlers Leibstandarte, Berlin

Wirklichkeit zu sehen. Sie bemalten ihre stählernen schwarzen Flügel
mit dem Zeichen ihrer Blitze, die einmal die des Zeus waren *(Abb. 65)*.
Ihre ausgestreckten Schilde sollten eine Utopie des deutschen Friedens schützen: irenischer Traum, des Bauers, der Familie, des Hitler-
jungen, der sein Flugzeugmodell in die Luft schleudert, und die arkadische Phantasie eines Biergartens, wo man mit den Kameraden ein
Bier im Freien trinkt. Unbeweglich auf den abbröckelnden Wänden,
unter verrosteten Leitungen, verschüttete Greuel mitten im Baueifer
der neu zu gestaltenden Stadt Berlin, wachen schwarze Engel im Dunkeln, Zeugen des Falles der Götter *(Abb. 66)*.

Die eigentliche Lage der Insel kann ich nicht genau angeben. [...] Als jene
Schiffsleute mit einem Kahn dort landeten, fanden sie die Insel ganz wüst und
öde. [...] Nur eine einzige ärmliche Hütte gab Kunde daß ein menschliches
Wesen dort wohnte.[43]

Auf der öden Insel an den nördlichsten Grenzen der bewohnten Welt
führt der gestürzte Gottvater eine kümmerliche Existenz fort. Hein-

66 *Wandbilder.* 1941-45. Bunker von Hitlers Leibstandarte, Berlin

rich Heine hatte für ihn – von der intoleranten Frömmigkeit der neuen Religion entthront – einen Zufluchtsort erfunden, an den wenigstens ihm ein alter Gefährte gefolgt ist:

Als die Schiffer hineintraten, erblickten sie einen uralten Greis [...]. Neben ihm zur Rechten stand ein ungeheuer großer Vogel, der ein Adler zu sein schien, den aber die Zeit so unwirsch gemausert hatte, daß er nur noch die langen struppigen Federkiele seiner Flügel behalten, was dem nackten Tiere ein höchst närrisches und zugleich grausenhaft häßliches Aussehen verlieh.[44]

Vertrieben wie alle Bewohner des Olymps, auch der Mundschenk, der ihn in Pflege hatte, lebte der gedemütigte Raubvogel im Exil ohne Privilegien und Macht, aber mit historischem Gedächtnis. Auf die Frage Jupiters nach dem alten Tempel, der »zu seiner Zeit der schönste in ganz Griechenland gewesen war«, weiß nur einer der jungen Matrosen etwas über sein Ende zu erzählen:

178

Auf jener Stelle, sagt er, fänden sich wirklich die Trümmer uralter Bauwerke, welche von untergegangener Pracht zeugten.[45]

Dort »habe er oft ganze Stunden zugebracht, um die sonderbaren Figuren zu betrachten, die auf den großen Steinen in runder Bildhauerarbeit konterfeit waren, und allerlei Spiele und Kämpfe vorstellten, gar lieblich und lustig anzusehen, aber leider auch vielfach zerstört … oder überwachsen von Moos …«.[46]

Dort – berichtete er weiter – hätte er Schweine gehütet, es sei ein Sammelplatz für Abfälle geworden.

»Der Greis […] bedeckte sein Gesicht und weinte wie ein Kind«, sein Adler aber »kreischte entsetzlich, spreizte weit aus seine ungeheuern Flügel, und bedrohte die Fremden mit Krallen und Schnabel.«[47]

Ahnte Heinrich Heine, auch er ein Fremder im Exil, daß der ihm verhaßte Vogel mit der römischen, germanischen, preußischen Vergangenheit in veränderter Gestalt seine Rückkehr vorbereitete? Obwohl er gerne unter deutschen Eichen spazierenging, teilte der Dichter mit seinen Landsleuten die kompensatorische Lust, sich der Realität zu entziehen:

> o deutsche Seele, wie stolz ist dein Flug
> In deinen nächtlichen Träumen!
>
> Die Götter erbleichen, wenn du nahst![48]

Es ist keine Frage, daß, gemessen an politischen Realitäten, Heines unbekümmerter Spottlust etwas Traumhaftes, Irreales anhaftet. Seinem Jenseits von Herrschaft und Knechtschaft entsprach keinerlei wirkliches oder auch nur mögliches Leben[49],

bemerkte Hannah Arendt, die auch ihn zu dem Volke der »Traumweltherrscher« rechnete. Er kannte jedoch das Reich, das denjenigen bleibt, denen die irdischen Bezirke zu niedrig erscheinen:

> Franzosen und Russen gehört das Land
> Das Meer gehört den Briten,
> Wir aber besitzen im Luftreich des Traums
> Die Herrschaft unbestritten.
>
> Hier üben wir die Hegemonie,
> Hier sind wir unzerstückelt;
> Die andern Völker haben sich
> Auf platter Erde entwickelt.[50]

67   André Masson, *Cet aigle c'est toi*. 1939. Mythologie de l'être.
© VG Bild-Kunst, Bonn 2001

Hoch über die Berge hatte sich auch der »adlerhafte« Mensch Zarathustra zurückgezogen; er lebte im Exil, von der Anfechtung der Erde
schmerzlich bedroht:

> Aber du, Zarathustra,
> liebst den Abgrund
> noch tust der Tanne es gleich?
>
> Die schlägt Wurzel wo
> Der Fels selbst schaudernd
> Zur Tiefe blickt
> Der zögert an Abgründen.[51]

Mit Krallen, aus denen Wurzeln wachsen, gefangen auf einem einsamen Gipfel, zeichnete der französische Maler André Masson 1939
»Cet aigle cést toi« *(Abb. 67)* für seine »Mythologie de l'etre«, den von
Nietzsche inspirierten Adler, zynische Herausforderung an die Ohnmacht des Geistes wie an jene des Übermenschen:

> Ein Raubvogel vielleicht
> Der hängt sich wohl
> Dem standhaften Dulder

Schadenfroh ins Haar
Mit irrem Gelächter
Wozu so standhaft?
Höhnt er grausam
Man muß Flügel haben, wenn man
Den Abgrund liebt.[52]

Jenseits der Alpen waren die tiefen Abgründe selbst für die geschütz-
ten Adlerhorste, in denen die alte Brut sich versteckt halten mußte,
nicht ohne Gefahr, auf jene Insel zwischen ungeheuren Eisbergen verbannt zu werden, auf der erst nach Jahrhunderten junge, unwissende
Seeleute hätten landen können. Auf der platten Erde hatte die Zerstörung das Leben der »vielgearteten Länder« verändert, »Spiele und
Kämpfe [...] gar lieblich und lustig anzusehen« fanden nicht mehr statt.
Welche Religion hatte das bewirkt?

Noch im Frühsommer 1939, als die Pläne des neu zu errichtenden
Parlamentsgebäudes in Berlin, der »Welthauptstadt«, fertig wurden,
war die von der Erde am weitesten entfernte Stelle in zweihundert-
neunzig Meter Höhe dem Reichsadler vorbehalten: »Das hier wird
geändert« – befahl jedoch der Herrscher seinem Architekten: »Hier
soll nicht mehr der Adler über dem Hakenkreuz stehen. Hier wird er
die Weltkugel beherrschen!«[53]

Später holte ihn Arno Breker, der Bildhauer, der den Führer ins besetzte Paris begleitete[54], wieder in die Tiefe, stellte seinen Kopf auf
einen nackten männlichen Körper und nannte ihn »Das junge Europa« *(Abb. 68)*. War es nicht aber auch das alte Europa, das beharrlich
an seinem Zeichen festhielt? Die letzte *translatio imperii* (auch eine
LTI), der Adlerflug »vom Indus [...] und über des Parnassos beschnei-
te Gipfel [...] hoch über die Opferhügel Italias ...«, war die Initiation
einer Traumweltherrschaft gewesen, in der noch »unzerstückelt« He-
gemonie geübt wurde. Wer noch an die mißbrauchten, pervertierten
Symbole glaubte, war bemüht, sie zu retten; hatte die Migration sie
hybride verwandelt, so galt es nun, die ursprüngliche Bedeutung wiederzufinden, sie an ihren Ort zurückzuführen.

Mein Buch ist nicht aus wissenschaftlichen Zwecken erwachsen, sondern aus
Sorgen für die Bewahrung der westlichen Kultur. Es macht den Versuch, die
Einheit dieser Tradition in Raum und Zeit mit neuen Methoden zu beleuch-
ten. Im geistigen Chaos der Gegenwart ist es nötig, aber auch möglich geworden, diese Einheit zu demonstrieren. Das kann aber nur von einem universalen Standpunkt aus geschehen. Diesen gewährt die Latinität.[55]

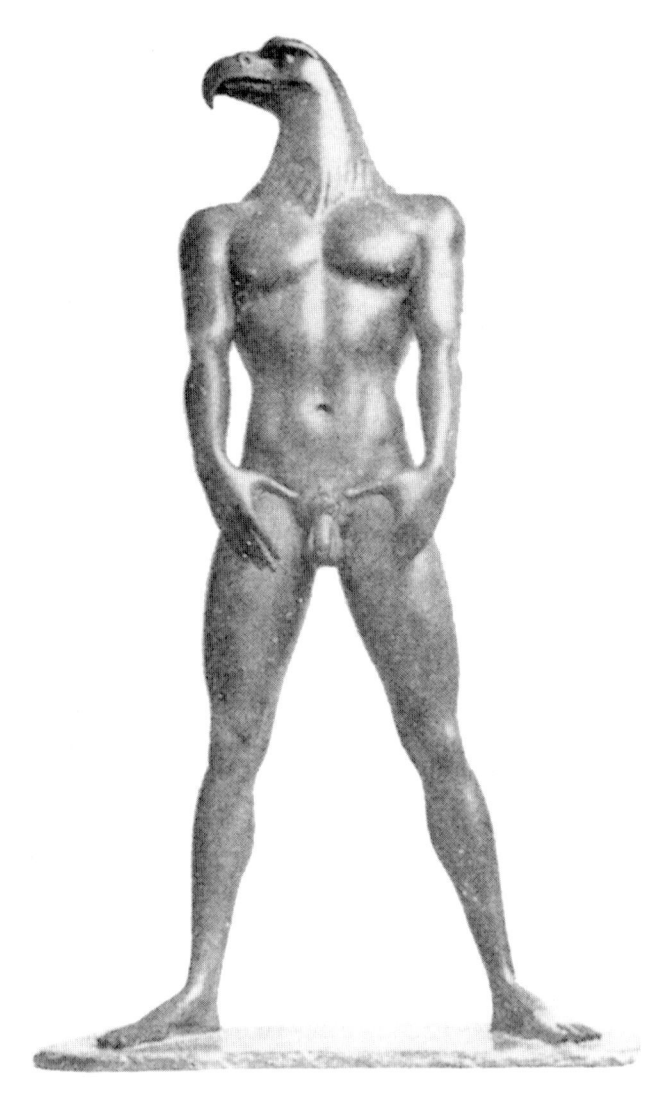

68   Arno Breker, *Junges Europa*. 1980. © MARCO-Bodenstein

In den dreißiger Jahren nahm Ernst Robert Curtius Abschied von der militanten Literaturkritik. Er empfand das »Bedürfnis in archaische Bewußtseinsschichten zurückzugehen«: Sein Werk wurde ein Zufluchtsort für ihn wie für die vergessenen Götter, die in den dunklen Labyrinthen der Sprache und der Schrift überlebt hatten. Nur ihrer Macht gestand er zu, die abgespaltenen nationalen Bezirke als zusammengehörige Provinzen eines europäischen Universums erscheinen zu lassen. *Europäische Literatur und lateinisches Mittelalter*, sein »willkommenes geistiges Alibi« in der Zeit der existentiellen Bedrohung, ordnete Herrscher und Helden »als wirksame politische Mythologie« in Konstellationen der Dichtung und der Rhetorik. Das Buch bedeutete Abwendung von der Verehrung des griechischen Ideals – noch 1933 von Martin Heidegger akademisch zelebriert – und Rückkehr zum römischen Prinzip der Kontinuität, aber auch den Versuch, die dialektische Spannung zwischen Kultur und Barbarei als die Logik der Wechselfälle der Geschichte zu erklären. Es war die ehrgeizige Absicht eines konservativen Gelehrten, der – neben Karl Jaspers und Thomas Mann – sich erwählt fühlte zum »Praeceptor Germaniae«, der dunklen, kaum überstandenen Zeit im eigenen Lande eine historische Rechtfertigung zu geben und ihr einen Ort in dem großen Raum der europäisch-lateinischen Tradition zuzuweisen.

»Das Römische ist nicht nur unjugendlich, es ist jugendfremd, fast jugendfeindlich«[56], erkannte er und folgte fast ostentativ dieser Vorliebe in strikter philologischer Observanz der Patrologie. Sein Mittelalter bewahrt jedoch die Faszination einer Ideallandschaft, eines literarischen Lustortes, in dem die Tugenden mit den Lastern kämpfen, während Philosophen und Mönche glossierend zuschauen. Cassiodorus und Notker Balbulus könnten die Chronisten sein: »Ihr Wissen ist von Kloster und Kirchenluft umwittert«, erläutert Curtius. Ließ diese Luft 1948 vielleicht den Staub der Trümmer leichter aufwirbeln?

Ich bin der Geist der Erzählung, der, sitzend an seinem derzeitigen Ort, nämlich in der Bibliothek des Klosters Sankt Gallen [...] wo einst Notker der Stammler saß, zur Unterhaltung und außerordentlichen Erbauung diese Geschichte erzählt.[57]

Eine Geschichte, die der wahre Notker Balbulus seinem Schüler Salomo auch zu lesen geraten hatte, wenn es ihn nach »römischen Delikatessen« gelüstete: jene des Papstes Gregor der Große.
»Ein neuer deutscher Ton kommt in sein Denken durch den tief zwiespältig empfundenen Gegensatz zwischen Rom und den Barba-

ren«[58], hatte Curtius zu Notker angemerkt. Für seinen Nachfolger, den Chronisten Clemens der Ire, ist Rom der Ort, in dem die Glocken zur Papst-Krönung läuten, die Erwählung jedoch wird in der Verlassenheit der nordischen Küste verkündet. Im amerikanischen Exil erzählt Thomas Mann die Geschichte Gregorius, die schon Adrian Leverkühn im *Dr. Faustus* als Puppen-Oper komponiert hatte. Sein »Erwählter«, eine der mythischen Figuren des religiösen Mittelalters, erscheint im Roman mit derselben Anmut, die schon den jungen Joseph, den Lieblingssohn Jakobs, auszeichnete:

Kann man stolz sein, ganz einfach auf sich selbst, wie man da geht und steht, Talente gar nicht angesehen [...]? Mit fünfzehn, sechzehn war er zum besten Jüngling erwachsen, rank von Gliedern, das Antlitz schmal [...] von Schwermut sanft beseelt ...[59]

Das »Fortdichten am Faustus« war für Thomas Mann: »in die Luft gespielt, aber doch nicht ohne Herzensbeziehung zum Thema der Erwählung tiefster Sündhaftigkeit«.[60] Die Sünde – im Roman die narzißtische Selbstliebe, die nur im Inzest ihresgleichen erkennt – wird zum Signum der Erwähltheit, die Verwerfung zur Bedingung der Gnade.

Kein Adler kündigt sie an, nur ein Traumgesicht, die Vision des blutenden »Lamm Gottes«, das die beiden höheren Herren, Probus und Liberius, in Rom bewegt, ihm zu gehorchen und sich auf die Suche nach dem Erwählten, dem zukünftigen Papst Gregorius zu begeben, obwohl: »Alle Erwählung [...] schwer zu fassen [ist] und der Vernunft nicht zugänglich ...«[61]

»Übersteige mutig die Alpen« – sprach das Lamm zu den Träumenden – »[...]und richte dich weiter gen Abend und Mitternacht, gegen das Nordmeer. Kommst du in ein Land, das an dieses grenzt und fünf Jahre lang mit Krieg überzogen war [...] so bist du recht.«[62]

Der Rückweg wird leichter: Nach siebzehn Jahren Buße auf dem Felsen reitet der Erwählte mit den römischen Herren in die Ewige Stadt, um auf den Thron Petri erhoben zu werden.

Anfang des Jahrhunderts hatte der Senator Thomas Buddenbrook erkannt, wie ihm die verwirrende Lektüre Oswald Spenglers suggerierte, daß ein Fortleben nach dem Tode nicht von der unmittelbaren Nachkommenschaft abhängt:

»Ich brauche keinen Sohn!« – tröstete er sich in seiner von einem schwachen Sohn enttäuschten Vaterschaft: »Wo ich sein werde, wenn ich tot bin? […] In allen denen werde ich sein, die je und je Ich gesagt haben, sagen und sagen werden: *besonders aber in denen, die es voller, kräftiger, fröhlicher sagen …*«[63]

Die genetische Abfolge kann übersprungen werden; ein bürgerlicher, ehrgeiziger Vater träumt von einem mythischen Sohn mit Eigenschaften, die der eigene nie haben wird, einem Jüngling, der ohne Wissen und Gedächtnis von ihm bereit ist, ihn in den Strom des Lebens aufzunehmen.

Irgendwo in der Welt wächst ein Knabe auf, gut ausgerüstet und wohlgelungen, begabt, seine Fähigkeiten zu entwickeln, gerade gewachsen und ungetrübt, rein, grausam und munter, einer von diesen Menschen, deren Anblick das Glück der Glücklichen erhöht und die Unglücklichen zur Verzweiflung treibt: – Das ist mein Sohn. *Das bin ich.*[64]

Fünfzig Jahre später ist der Knabe, mit dem der müde Senator Buddenbrook sich identifizieren wollte – munter, rein, grausam –, in Deutschland erwachsen; er hat seine Fähigkeiten gut entwickelt, auch jene, mit Waffen umzugehen, und sein Anblick hat viele Unglückliche zur Verzweiflung getrieben. Das Glück der Glücklichen hat er nicht erhöht.

Es war an der Zeit, ihn mit der Sünde des Hochmuts darzustellen, in seiner Anmaßung und Vermessenheit: der theologische Ernst nicht von der ironischen Maske des Chronisten verdeckt, der eine alte Legende erzählt. Dieser Knabe durfte nicht jung sterben oder wegen seiner Besonderheit früh von einem mythischen Vater, der ihn begehrt, entrückt werden. Nach dem römischen Prinzip der Kontinuität verlangte die Restauration nach der Würde des Alters, das Gedächtnis und Erinnern bewahrt, nach einem Vater, der in göttlicher Autarkie die Einheit mit dem Sohn anerkennt. Und der Geist, soll er heilig sein, wählt als Symbol die Taube, nicht den Adler. »Ein rasches Rekapitulieren des abendländischen Mythos, der abendländischen Kultur im letzten Augenblick, vorm Fallen des Vorhangs und vor dem großen Vergessen«[65], so wollte Thomas Mann die Geschichte seines »Erwählten« verstanden wissen. Er fragte nicht nach den Söhnen, die – zur Rechten oder zur Linken des Vaters gesessen – aus der Höhe der Wolken die Gesetze der platten Erde erlernen mußten, um die Spiele und die Kämpfe neu zu beginnen oder die ihnen zu hoch erscheinenden Turmbauten zu zerstören.

Anmerkungen

1 Dank der Zeichnungen und Entwürfe zum Gemälde *Ganymed* ist es möglich, die verschiedenen Stadien von dem anfangs noch stark am Vorbild des *Ganymed* von Girolamo di Carpi orientierten Bildentwurfs bis zur Komposition zu verfolgen. Vgl. *Hans von Marées*, hrsg. von Christian Lenz, München 1987, S. 320.

2 Goethe, *Achilleis*, in *Goethes Werke*, Hamburger Ausgabe, a.a.O., Bd. II, S. 519.

3 Herbert von Einem, *Hans von Marées*, München 1967.

4 Kassel 1972. Die Aussteller waren Rainer Diederich, Richard Grübling und Klaus Staeck. Neben dem Adler war ein Zeitungsausschnitt aus der »Frankfurter Allgemeinen Zeitung« vom 15. Februar 1972 zu lesen: »In der Nähe von Casper (Wyoming) wurde ein angeschossener Adler gefunden, dem mit Stacheldraht ein Zettel mit dieser Aufschrift ans Bein gebunden war: er starb, auf daß die Lämmer wachsen mögen.« Nicht überflüssig, daran zu erinnern, daß Hans Magnus Enzensbergers *Verteidigung der Wölfe* 1957 in einer Zeit des literarischen Konformismus erschien: »gelobt seien die räuber: ihr, / einladend zur vergewaltigung / werft euch aufs faule bett / des gehorsams. winselnd noch / lügt ihr. zerrissen / wollt ihr werden. ihr / ändert die welt nicht«. Hans Magnus Enzensberger, *Verteidigung der Wölfe*, Frankfurt a.M. 1957, S. 90-91.

5 Julius Meier-Graefe, *Hans von Marées*, 3 Bde., München 1909-1910.

6 Vgl. J. Schmoll gen. Eisenwerth, in *Hans von Marées – Anmerkungen zu Werk und Wirkung*, in *Kunst um 1800 und die Folgen*, München 1988.

7 »Deus igitur spiritus sanctus qui procedit ex deo cum datus fuerit homini accendit eum in dilectionem die et proximi, et ipse dilectio est.« (Augustinus, *De Trinitate*, 15,31)
Es sind weder besondere Eigenschaften noch gehorsame Handlungen, die Christus näherbringen, sondern: »fides quae praedilectionem operatur« (*Patrologia Latina*, Bd. 72, Sp. 854). Beispiel dieser Vor-Liebe ist Joseph: »Praediligitur Joseph a Jacob patre supra reliquos fratres suos: et preclara veste donatur« (*Patrologia Latina*, Index rerum et sententiarum, Bd. 165, Sp. 1318). – Es war der Apostel Paulus, der die Erwählung als nur von der Gnade abhängig wissen wollte: »in hoc tempore reliquiae secundum electionem gratiae salvae factae sunt. / Si autem gratia, iam non ex operibus« (Röm. 11, 5-6).

8 Alfred Rosenberg, *Welthoffnung und Auserwähltheit*, in *Der Mythus des 20. Jahrhunderts*, München 1930, S. 464-466. »Es gebe drei Grundanschauungen von der jüdischen Nation: eine, die besage, Israel sei weniger als eine Nation. Eine zweite, die Israel an die Seite der modernen Nationen stelle. Und schließlich eine dritte, die auch die Ansicht Bubers sei, die Israel über den Nationen zeige.« – Vgl. Ferdinand Dexinger, *Erwählung und jüdisches Selbstverständnis*, in *Gottes auserwählte Völker. Erwählungsvorstellungen und kollektive Selbstfindung in der Geschichte*, hrsg. von A. Mosser, Frankfurt a.M. – Berlin

2001. – Lesenswert der Vergleich von Martin Forstner, *Zwischen Nation und Religion. Ein Problem der arabisch-islamischen Welt bis heute*, S. 161-207.

9 »Alex hat alle Erwartungen erfüllt. Er hat sich als brutales, perfides und mit lückenloser Ignoranz und Dummheit gepanzertes Subjekt erwiesen, unbeschadet seines Spürsinns und seiner erprobten Technik eines erfahrenen Schinders. Er benutzt jede Gelegenheit, um sich seines reinrassigen Bluts und seines grünen Dreiecks zu brüsten. Den zerlumpten, ausgehungerten Chemikern begegnet er mit betont hochnäsiger Verachtung [...]. Den zivilen Meistern gegenüber ist er äußerst gefügig und servil, und mit der SS verbindet ihn innige Freundschaft.« Primo Levi, *Ist das ein Mensch? Die Atempause*, übersetzt von Heinz Ried, München 1991.

10 Shulamit Volkov hat eine Untersuchung über den tatsächlichen Erfolg der jüdischen Wissenschaftler insbesondere in Deutschland vorgelegt: *Soziale Ursachen des jüdischen Erfolgs in der Wissenschaft*, in *Jüdisches Leben und Antisemitismus im 19. und 20. Jahrhundert*, München 1990. Siehe auch George L. Mosse, *German Jews beyond Judaism*, Cincinnati 1985.

11 Paul Klee, *Tagebücher 1898-1918 und Gedichte*. Textkritische Neuedition, hrsg. von der Paul Klee-Stiftung, Teufen 1988; *Briefe an die Familie*, 1893, 2 Bde., hrsg. von Felix Klee, Köln 1979. Zum Verhältnis zwischen der Malerei Paul Klees und dem Denken Goethes vgl. Christa Lichtenstern, *Die Wirkungsgeschichte der Metamorphosenlehre Goethes. Von Philipp Otto Runge bis Joseph Beuys*, Weinheim 1990.

12 Klee, *Tagebücher 1898-1918*, a.a.O., und Paul Klee-Gedichte, a.a.O., S. 122. – Für den Wunsch nach »wonniger Auflösung in einem Strom« lesbar bleibt S. Freud, *Zwangshandlungen und Religionsübungen*, in Sigmund Freud, *Gesammelte Werke*, Bd. VII, Frankfurt a.M. 1968, S. 136f.

13 *Max Klinger*, Ausstellungskatalog, Museum der bildenden Künste, Leipzig 1995.

14 Vgl. Julius Vogel, *Otto Greiner*, Bielefeld – Leipzig 1925, S. 44.

15 Goebbels, *Michael*, a.a.O., S. 93-97.

16 Stefan George, *An einen jungen Führer im ersten Weltkrieg* (in *Das neue Reich*), in *Werke*, a.a.O., Bd. II, S. 199. Schon 1908/09 hatte Arnold Schönberg fünfzehn Gedichte von Stefan George aus *Das Buch der hängenden Gärten* vertont.

17 Stefan George, *Werke*, a.a.O., Bd. II, S. 174. Drei Jünger rezitierten diesen Chor.

18 Die Totenwache hielten – zwei Nächte und zwei Tage hindurch – Walter Anton, Albrecht Blumenthal, Erich Boehringer, Robert Boehringer, Ernst Kantorowicz, Walter Kempner, Helmut Küpper, Edith Landmann, Georg Peter Landmann, Frank Mehnert, Ernst Morwitz, Karl Josef Partsch, Clotilde Schlayer, Alexander Graf Schenk von Stauffenberg, Berthold Graf Schenk von Stauffenberg, Claus Graf Schenk von Stauffenberg, Robert von Steiger, Wilhelm Stein, Michael Stettler und Ludwig Thormaehlen.

19 Ernst Robert Curtius, *Deutscher Geist in Gefahr*, Stuttgart – Berlin 1932,

S. 28 ff. Auf dem Titelblatt des Buches die beiden Hölderlin-Verse: »Wo aber Gefahr ist – Wächst das Rettende auch«, die in den vierziger Jahren auch das Motto der nationalsozialistischen Rhetoren werden sollten. Das kleine Buch von Curtius wurde als klassisches Beispiel der »konservativen Revolution« betrachtet, zusammen mit *Männerbund und Wissenschaft* von Alfred Bäumler, *Preußentum und Sozialismus* von Oswald Spengler, *Der Arbeiter* von Ernst Jünger, *Die Erhebung Israels gegen die christlichen Güter* von Hans Blüher, *Was ist Metaphysik?* von Martin Heidegger und *Dorische Welt* von Gottfried Benn.

20 *Ganymed*, »Blätter der Marées-Gesellschaft«, 1-5 (1919-1925). – *Ganymed* hieß auch die Graphische Anstalt in Berlin, in der die Drucke der Marées-Gesellschaft hergestellt wurden.

21 *»Lieber kleiner, lustiger Udet* und *Über den Wolken«*: »Da – um neun Uhr – ist es uns, als hörten wir Propellergeräusch. Sepp Allgeier klettert schnell auf einen Schneegipfel. [...] Udets Maschine scheint einfach durchzufallen, so überraschend senkt sie sich und setzt auf den Gletscher auf zum Tal. [...] Als habe sich ein Vorhang vorgezogen.« Leni Riefenstahl, *Kampf in Schnee und Eis*, Leipzig 1933. Vor dem berühmten *Triumph des Willens* drehte Leni Riefenstahl den Film über die Dolomiten. Der »liebe kleine, lustige Udet« wurde später Befehlshaber der Luftwaffe und beging 1941 Selbstmord, um der Anklage wegen Sabotage zu entgehen. Als *Des Teufels General* wurde er zum Protagonisten von Carl Zuckmayers Drama (Uraufführung 1946 in Zürich, 1954 von Helmut Käutner verfilmt). Der große Vogel des lustigen Udet kreiste über den Gipfeln der Alpen; später dann, im Propagandafilm, senkte sich das Flugzeug des Führers langsam vom Himmel herab, wie ein Adler der Verkündigung, auf die Stadt Nürnberg.

22 Leni Riefenstahl, *Schönheit im Olympischen Kampf*, Berlin 1937. Vgl. Martin Loiperdinger, *Rituale der Mobilmachung. Der Parteitagsfilm »Triumph des Willens« von Leni Riefenstahl*, Opladen 1987. Außerdem *Die Berliner Olympiade 1936 – Spiele der Gewalt*, in *Mythos Berlin. Eine szenische Ausstellung auf dem Gelände des Anhalter Bahnhof*, Katalog, Berlin 1987, hrsg. von Gunter Gebauer und Christoph Wulf; Peter Reichel, *Der schöne Schein des Dritten Reiches. Faszination und Gewalt des Faschismus*, München 1991, S. 137.

23 Philippe Lacoue-Labarthe und Jean-Luc Nancy ordnen dem doppelgesichtigen Bild Griechenlands – wiederentdeckt vom Idealismus und von der romantischen Philologie in Jena dank Schlegel, Hölderlin, Hegel und Schelling – einen möglichen genetischen Grund für die mythische Ideologie des Nationalsozialismus zu. Vgl. *Le mythe nazi*, Strasbourg 1991.

24 Adolf Hitler, *Mein Kampf*, Zentralverlag der NSDAP, München 1935, S. 453. – Die Erstausgabe war bereits 1925/26 (2 Bde.) erschienen.

25 Albert Speer, *Erinnerungen*, Berlin 1969, S. 110.

26 Ernst Langlotz, *Die Bedeutung der neuen Funde in Olympia*, in *Das neue Bild der Antike*, hrsg. von Helmut Barve, Leipzig 1942, S. 153-171.

27 Die Ikonologie von Zeus und Ganymed in Olympia könnte ein überzeugenderes symbolisches Beispiel darstellen als das vom hl. Christophorus,

das Michel Tournier in seinem Roman *Le roi des Aulnes*, Paris 1970, für seine These zu »Phorie«, griechisch *pherein*, tragen, wählt. Es ist die Geschichte eines französischen Soldaten, Kriegsgefangener im Nazi-Deutschland, der der Faszination von Ostpreußen erliegt und hier auf seine Seelenlandschaft trifft. Auf einer Burg, einer Schule der Hitlerjugend, verfolgt er das Motiv des Erwachsenen-Verführers, der die Knaben mit sich »fortträgt«, um sie auf die Riten der militärischen Barbarei vorzubereiten.

28 *Das Reich des Jünglings* ist der Titel des Hölderlin-Kapitels in Urs von Balthasars *Apokalypse der deutschen Seele*, Salzburg – Leipzig 1937. Er deutet die Begeisterung als »Medium der Verklärung«, schwingend »zwischen den Polen des Prometheischen und des Ganymedischen« (3. Aufl., Einsiedeln – Freiburg 1998, Bd. II, S. 293-306).

29 Vgl. Edgar Wind, *Pagan Mysteries in the Renaissance*, Oxford 1968.

30 Goethe, *Achilleis*, in *Goethes Werke*, Hamburger Ausgabe, a.a.O., Bd. II, S. 532.

31 »In den Tiefen des Kraters besitzt der Krieg einen Sinn, den keine Rechenkunst zu zwingen vermag. Diesen erahnte der Jubel der Freiwilligen in dem die Stimme des deutschen Dämons gewaltig zum Ausdruck kam, und in der sich der Überdruß an den alten Werten mit der unbewußten Sehnsucht nach einem neuen Leben verband.« Ernst Jünger, *Die totale Mobilmachung*, in Id. (Hrsg.), *Krieg und Krieger*, Berlin 1930, S. 29.

32 Ernst Jünger, *Auf den Marmor-Klippen*, Hamburg 1939, Kap. 10, S. 47-49.

33 *Ibid.*, S. 50.

34 *Felix Hartlaub in seinen Briefen*, hrsg. von Erna Krauss und Gustav Friedrich Hartlaub, Tübingen 1958, S. 103-105.

35 *Ibid.*

36 Walter Elze, *Rede über die Schöpfung des Reiches*, Potsdam 1941. Die Rede wurde am 30. Oktober 1940 in der »Kaiser Wilhelm-Gesellschaft zur Förderung der Wissenschaften« mit dem Titel *Frühe Grundlagen deutscher Weltpolitik und Weltgeltung* in Berlin gehalten. Walter Elze war seit 1931 Leiter des Seminars für Kriegsgeschichte am Historischen Institut in Berlin.

37 Durs Grünbein, *Unser Verwandter unter der Tarnkappe – Man muß die Vernichtung Europas aus der Nähe sehen. Erinnerungen an Felix Hartlaub*, in »Frankfurter Allgemeine Zeitung«, 9. Mai 1995.

38 Felix Hartlaub, *[Träumerei]*, in *Tagebuchblätter aus dem Kriege, [Im Sperrkreis]*, in F. H., *Das Gesamtwerk*, hrsg. von Geno Hartlaub, Frankfurt a.M. 1955, S. 154f.

39 *Ibid.*

40 *Ibid.*

41 Text und Musik von Karl Heinz Kelting aus *Morgen marschieren wir. Liederbuch der deutschen Soldaten im Auftrag des Oberkommandos der Wehrmacht*, hrsg. von Hans Baumann, Potsdam 1941.

42 Karl Heinz Kelting, a.a.O.

43 Heinrich Heine, *Die Götter im Exil*, in *Sämtliche Schriften*, hrsg. von K.

Briegleb, München 1976, Band VI/1, S. 418-421. – Erstdruck unter dem Titel *Les Dieux en exil* in »Revue de deux mondes« (Paris 1834), erster deutscher Druck in »Blätter für literarische Unterhaltung«, April 1853.

44 *Ibid.*

45 *Ibid.*

46 *Ibid.*

47 *Ibid.*

48 Heinrich Heine, *Deutschland. Ein Wintermärchen*, Caput VII, a. a. O., Bd. IV, S. 592.

49 Hannah Arendt, *Heinrich Heine: Schlemihl und Traumweltherrscher*, in *Die verborgene Tradition*, Frankfurt a. M. 1976, S. 52.

50 Heinrich Heine, *Deutschland. Ein Wintermärchen*, a. a. O.

51 Friedrich Nietzsche, *Zwischen Raubvögeln – Dionysos-Dithyramben*, in *Sämtliche Werke*, Kritische Studienausgabe, hrsg. von Giorgio Colli u. Mazzino Montinari, Bd. V, München – Berlin – New York 1990.

52 *Ibid.*

53 Albert Speer, *Die Weltkugel*, in *Erinnerungen*, Berlin 1969, S. 175.

54 Von den Figuren Arno Brekers ließen sich auch die Pariser begeistern. Zur Ausstellung 1942 in Paris redete der Kulturminister der Vichy-Regierung feierlich von den Figuren, die die Kraft derjenigen verkörpern, »die arbeiten und kämpfen, geben den Städten diese sublimen Bewohner aus Marmor und Bronze, die wir genauso nötig haben wie die Bewohner aus Fleisch und Blut«. Peter Reichel, *Der schöne Schein des Dritten Reiches*, a. a. O., S. 369.

55 Ernst Robert Curtius, *Europäische Literatur und lateinisches Mittelalter*, Vorwort zur zweiten Auflage, a. a. O., S. 9-11.

56 Ernst Robert Curtius, *Virgil*, in *Kritische Essays zur europäischen Literatur*, a. a. O., S. 18.

57 Thomas Mann, *Der Erwählte*, in *Gesammelte Werke in Einzelbänden*, Frankfurter Ausgabe, hrsg. von Peter de Mendelssohn, Frankfurt a. M. 1980, S. 8.

58 Ernst Robert Curtius, *Europäische Literatur und lateinisches Mittelalter*, a. a. O., S. 458.

59 Thomas Mann, *Der Erwählte*, »Der Trauerer«, a. a. O., S. 87 f.

60 Thomas Mann am 5. November 1951 an Hermann J. Weigand, in Friedrich Ohly, *Der Verfluchte und der Erwählte – vom Leben mit der Schuld*, Opladen 1976, S. 129.

61 Thomas Mann, *Der Erwählte*, »Die Offenbarung«, a. a. O., S. 199.

62 *Ibid.*, S. 200.

63 Thomas Mann, *Buddenbrooks*, X Teil, Fünftes Kapitel, in *Gesammelte Werke in Einzelbänden*, Frankfurter Ausgabe, hrsg. von Peter de Mendelssohn, Frankfurt a. M. 1981, S. 670 (Hervorhebung vom Autor).

64 *Ibid.* (Hervorhebung vom Autor.)

65 Am 5. November an H. J. Weigand: »Ein Werkchen wie dieses ist Spätkultur, die vor der Barbarei kommt, mit fast fremden Augen schon gesehen vor der Zeit.« Thomas Mann, *Altes und Neues*, Frankfurt a. M. 1953, S. 247.

Dank

Ein Buch verdankt seine Entstehung dem freundlichen Interesse vieler: ohne Reinhart Kosellecks fragende Antworten wären manche Gedanken im dunkeln geblieben, Antonio Autiero, Münster, Gerhard Dette, Darmstadt, Nico Hansen, Hamburg, Geno Hartlaub, Hamburg, Michael Knoche, Katrin Lehmann, Herzogin Anna Amalia Bibliothek, Weimar, Gilberto Pizzamiglio, Venedig, Albrecht Schöne, Göttingen, Gerd Unverfehrt, Göttingen, gaben Hinweise und Auskünfte; Peter Gercke, Staatliche Museen Kassel, Christian Hohgräfe, Herzog August Bibliothek Wolfenbüttel, Klaus-Heinz Mehnert, Museum für bildende Künste, Leipzig, Graphische Sammlungen, Klaus Wolbert, Institut Mathildenhöhe, Darmstadt, stellten Bildvorlagen zur Verfügung; Sigrid Geske, Stiftung Weimarer Klassik, Anne Münster-Erkeling, Angelika Hillebrandt, Sabine Schleithoff, Christiane Schliemann, Münster, besorgten die Foto-Reproduktionen. Grete Lübbe und Walter Ritter begleiteten lesend die deutsche Version. Ihnen allen sei herzlich gedankt. Für seine geduldige und kundige Revision des Manuskripts gilt Michael Assmann in Darmstadt meine besondere Dankbarkeit.

Namenregister